Simpatias e segredos populares

Magia prática para conquistar amor, sorte, saúde e fortuna. Simpatias juninas e de fim de ano.

Simpatias e segredos populares

Magia prática para conquistar amor, sorte, saúde e fortuna. Simpatias juninas e de fim de ano.

Nívio Ramos Sales

4ª edição
2ª reimpressão

Rio de Janeiro
2008

Copyright©1990
Nívio Ramos Sales

Produção editorial
Pallas Editora

Capa
Substância 4

Diagramação
José Geraldo O. Lacerda

Todos os direitos reservados à Pallas Editora e Distribuidora Ltda. É vetada a reprodução por qualquer meio mecânico, eletrônico, xerográfico etc., sem a permissão por escrito da editora, de parte ou totalidade do material escrito.

CIP-BRASIL. CATALOGAÇÃO-NA-FONTE.
SINDICATO NACIONAL DOS EDITORES DE LIVROS, RJ.

S155s   Sales, Nívio Ramos.
4ª ed.   Simpatias e segredos populares: magia prática
2ª reimpr.   para conquistar amor, sorte, saúde e fortuna. Simpatias
                 juninas e de fim de ano / Nívio Ramos Sales. – 4. ed. – Rio
                 de Janeiro: Pallas, 2008.
                 108p.
                 ISBN 978-85-347-0139-6

                 1. Superstição. I. Título.

97-0707   CDD 398.41
                                                    CDU 398.3

Pallas Editora e Distribuidora Ltda.
Rua Frederico de Albuquerque, 56 – Higienópolis
CEP 21050-840 – Rio de Janeiro – RJ
Tel./fax: (021) 2270-0186
www.pallaseditora.com.br
pallas@pallaseditora.com.br

NOTA

O livro já composto e em fase de impressão, na última hora nele se inclui um Apêndice, por sugestão do autor. Como capítulo final, Nívio Ramos Sales acrescenta diversas simpatias, largamente difundidas no populário de nosso povo, por esse Brasil afora. Enriquece, pois, a presente edição, simpatias vinculadas às épocas juninas e de fim de ano.

É crença difundida que o clima dos festejos de Santo Antônio, São João, São Pedro e Sant'Ana, o Natal e a virada do ano, dia 31 de dezembro, irradia estranho magnetismo, um inexplicável efeito mágico que potencializa adivinhas, orações, ditos, anedotário, culinária e simpatias. Mero folclore da gente simples do nosso vasto interior? É, pode ser. Mas, como negar o quanto de verdade sedimentada no inconsciente coletivo de um povo todo? Seja lá o que for, não há como negar os efeitos positivos, comprovadamente positivos, da sabedoria popular, que tem varado séculos e milênios e se apresenta tão viva em nossos dias como na memória dos tempos remotos.

Justifica-se, pois, a inclusão do Apêndice, final do livro, sobretudo porque o enriquece e, com isso, ganham os nossos leitores.

H.A.

SUMÁRIO

Nota 5
Introdução 9
Amorosas 11
Curativas 17
Preventivas 47
Protetoras 65
Segredos Populares 79
Apêndice 101

INTRODUÇÃO

SIMPATIA é uma palavra que vem do grego.
SIMPATIA é o emprego da força do pensamento, através de um ritual, para nos ajudar a resolver problemas do cotidiano. Um conjunto – ato, palavras e força mental – vai produzir o efeito desejado e esperado, satisfazendo assim, a nossa vontade.
As simpatias não têm caráter religioso, embora ajam da mesma forma que as orações, e em muitas delas se empreguem orações e benzimentos. Mas o seu caráter é eminentemente popular e profano.
Assim sendo, como não se exige um especialista e nem tem um caráter sagrado, qualquer indivíduo pode realizar uma simpatia, sem necessariamente fazer um aprendizado ou alguma iniciação.
SIMPATIA, é magia, segredo mágico, "arte de produzir fatos", ações que se combinam, se atraem ou se repelem, ou relação que existe entre as ações e as afeições. É intencional, impulsiva e extrapola o campo da ciência.
A SIMPATIA pode se dar através de analogias, semelhanças, e transferências. Dessa forma, temos várias relações simpáticas, assim como: amorosa, ou de atração; fisiológica, que é o fato da relação entre a ação e a afeição; a química, que é a combinação entre dois corpos físicos; o sortilégio, que é eivada de intenções utilizadas através da força mental, rezas e palavras cabalísticas; e, finalmente, a simpatia imitativa, que é a praticada através de objetos semelhantes, assim como imitações com figuras, no sentido de alcançar o objetivo desejado.
Para melhor compreensão de todos aqueles que irão folhear este livro, e a maioria, usá-lo, nas horas das necessidades, resolvi fazer uma classificação mais simples e de acordo com as nossas ansiedades.

Portanto, a classificação fica sendo assim:
a) Amorosas;
b) Curativas;
c) Preventivas
d) Protetoras
e) Segredos Populares

Ela é amorosa, quando é orientada para uma satisfação mais afetiva, ligada ao amor, os sentimentos do coração;
É curativa, quando está dirigida para a prática da saúde, da medicina rural ou popular;
É preventiva, no sentido de prever ou evitar determinados acontecimentos, assim como ajudando a solucionar com antecedência fatos desagradáveis;
E finalmente, a protetora, que é aquela que usamos ou executamos para nos proteger dos males, feitiços e coisas pelas quais não gostaríamos de passar.

Como se vê, é uma classificação maleável, por que em muitos dos casos, uma pode fazer parte da outra, ou seja, não há uma rigidez nesta classificação, porque é um mundo que se completa, se interpenetra.

Fazer uma Simpatia, é usar todos os nossos sentidos, mexer com todo o nosso ser, espiritual e social. Mas é uma maneira válida de obter resposta, que o mundo científico não está preparado para nos dar. É um saber e uma prática tão importantes como qualquer outro conhecimento. Use-os e tenha bastante sucesso.

O AUTOR.

Amorosas

AMOROSAS

PARA ARRANJAR NAMORADO

A mulher que quiser arranjar namorado deve começar a contar as mulheres grávidas que encontrar em seu caminho, até o número noventa e nove.
Quando encontrar a centésima mulher grávida, procure passar perto de um rapaz e dizer baixinho:
— "Com você entero cem!"

CONSERVAR O NAMORADO

Procurar tirar o lenço do namorado sem que ele perceba, e em seguida, ensopá-lo na pia de água benta. Depois em casa, passará ferro no lenço, enquanto aspira o calor que sobe do lenço úmido, aquecido pelo ferro, vai dizendo:
Água lustral, tu que possues a virtude para nos fazer cristãos e nos abre o caminho do céu, faze com que fulano de tal (dizer o nome completo), me receba por esposa no espaço de cem sóis e me dê tão grande confiança como São José depositou na Virgem Maria. Eu me ponho nas mãos de fulano de tal, ornada da flor com que perfumarei este lenço e com o qual ele limpa os lábios por onde entre a hóstia consagrada, que encerra o corpo, sangue, alma e divindade de Nosso Senhor Jesus Cristo. Amém.

Após terminar este ritual, perfumar o lenço com água de flor de laranjeira.

Na primeira oportunidade, deverá devolver o lenço ou, de maneira sutil, colocar no lugar de onde o retirou.

PARA ATRAIR O AMOR

Ingredientes
2 bananas ouro
1 garrafa de mel
2 gemas de ovo
5 rosas amarelas
1 prato fundo, amarelo
1 latinha de azeite de oliva
1 vela amarela
os nomes dos seres amados
pó amarelo ou do amor
mercúrio (azougue)

Modo de Fazer

Abrir as bananas, colocar os nomes em cada uma. Em seguida cobri-las com mel, azeite, as gemas, um pouco de água, o pó amarelo ou pó de amor (que se vende em lojas especializadas), e mercúrio. Por cima de tudo, enfeita-se com as pétalas das rosas amarelas e entrega à deusa Oxum, em uma cachoeira, com a vela amarela acesa.

BANHO PARA ATRAIR O AMOR

Ingredientes

5 rosas amarelas; 5 amor-do-campo;
5 punhados de cravo-da-índia;
5 punhados de canela em pau;
5 gotas de mel;
5 gotas de essência de flor de laranjeira
5 gotas de essência de rosas

Modo de Fazer

Ferver tudo, em seguida amornado, banhar-se da cabeça aos pés, durante cinco dias.
Acender sempre uma vela e nunca enxugar-se após o banho.

BANHO DO AMOR

Usar as folhas de: Manacá, Girassol e Milhomens. Deixar ferver cinco minutos e tomar banho, do pescoço para baixo, durante cinco dias. Se gostar, parar por uns dias e recomeçar.

PARA FAZER O HOMEM AMÁ-LA

Pegar três folhas de laranjeira, escrever o seu nome e em seguida, o do seu amor, dizendo com fé:
"Eis a minha amizade
e o coração muito diplomado
sempre ao meu lado.
E os perfumes
breve ao meu lado".
Em seguida, enterrar as três folhas, dentro de casa.

PARA SER AMADO CADA VEZ MAIS

Escolher o dia do mês do número sete. Exemplo: 7, 17 ou 27. Conseguir trinta centímetros de fita branca, de qualquer largura, e nela, escrever o nome de quem deseja que o amor cresça cada vez mais. Em seguida, amarrá-la a uma foto do ser desejado, levá-la a uma igreja, deixá-la aos pés do santo de sua devoção, ou no altar. Rezar três Salve Rainhas.
É importante deixar a fita no altar, escondida de maneira que não seja encontrada por muito tempo.

PARA SE TRAZER UM AMANTE DE VOLTA

Pegar três fios compridos de palha-da-costa, uni-los e ir trançando ao mesmo tempo que se vai dizendo: "São Lázaro, Santo Onofre, estou trançando a vida de fulano de tal (dizer o nome do amante) para que ele não tenha paz e nem sossego e que sua vida fique trançada para tudo e destrançada para a minha. Em seguida, após terminar de trançar os três fios da palha, dê sete nós dizendo, enquanto dá o nó, as seguintes palavras: "Estou amarrando os culhões de fulano de tal, para que ele não tenha querer e nem vontade com mulher nenhuma, a não ser a minha pessoa." Terminando, joga os fios trançados, atrás da porta até que o amante retorne, então terminará o trabalho, amarrando os fios no pé da cama, no colchão, travesseiro ou enterrá-los dentro de casa.

PARA CASAR

Esta simpatia é feita no dia 13 de junho – dia de Santo Antônio.

A jovem, fitando o retrato do rapaz com quem deseja casar, diz: "São Manso te amanse e o manso cordeiro também, para que não bebas, não comas, nem descanses, enquanto não fores meu companheiro".

Repete as palavras sete vezes e em seguida, põe a foto do futuro esposo embaixo de uma imagem de Santo Antônio.

Curativas

CURATIVAS

AFTA

Dizer três vezes a seguinte oração:
"Porcos e porcas que comerão aqui, sapo e sapinhos que fiquem aqui". (O rezador deve estar dentro de um chiqueiro com o paciente).
Se for criança pequena, entregá-la a uma moça virgem chamada Maria, por cima do cocho onde comem os animais.

ANEMIA

Pega-se a semente de gergelim, lava-se e em seguida, tritura-se, misturando-se o pó com água, para na etapa seguinte, coá-la e tomar com açúcar.

***

Bate-se no liquidificador o leite condensado de uma lata, com seis gemas. Acrescenta meia garrafa de vinho moscatel.
Toma-se após as refeições, um cálice.
(Não deve ser tomado de estômago vazio, nem quem sofre do fígado).

***

Bate-se no liquidificador: folhas de agrião, beterraba, cenoura e mel. Acrescenta-se vinho branco ou leite, e ovo de codorna. Tomar em jejum.

ASMA – PUXADO OU CHIADEIRA

Fazer um patuá com o formigão-fogo.
Fechar o patuá, que deverá ser na cor vermelha, com o bicho vivo.
O doente deverá carregá-lo no pescoço.

***

Na noite de São João, perto de uma fogueira, enterra-se um punhado de sal, dizendo: "Fulano terá asma se nascer este sal".
No momento que estiver enterrando o sal, deve-se rezar a Salve-Rainha, até o "nos mostrai".

ASMA – TOSSE

Ingredientes: Casca de um ovo;
Uma gema;
Um copo de leite de ovelha.

Modo de Fazer: Passar no liquidificador, esquentar em banho-maria e tomar em jejum.

AXILAS – MAU CHEIRO

Pegar um limão, pela manhã, parti-lo em cruz e esfregar nas axilas. Não enxugue.
Antes de dormir, bochechar um pouco d'água, até ficar morna, em seguida, essa água deve ser passada nas axilas. Não enxugue.
Faça vários dias seguidos.

AZIA

Pela manhã, em jejum misturar água com açúcar e beber, dizendo:
"Santa Sofia,
tinha três fia,
uma cosia, uma bordava,
uma curava, mal de azia."

DOR DE BARRIGA

Rezar a barriga, em cruz, com três galhos de arruda ou alecrim, dizendo: "O interior é filho do Redentor. O Redentor disse, dou alívio a toda dor; se for mal das tripas, desate; se for calor, esfrie, se for frieza, esquente. Assim como Jesus é filho da Virgem Maria, amém. Rezar, em seguida um Pai Nosso e uma Ave Maria.

DOR NA BEXIGA

Massagear com banha de lagarto.
Tomar chá de folhas de laranja lima e sabugueiro. Colocar também um sabugo de milho.

BICHOS PEÇONHENTOS

Quando se vai a algum lugar que possa existir essas qualidades de bichos, (gente, às vezes, é um animal peçonhento), deve-se dizer, antes de lá chegar ou entrar:
"Quando eu passo em tua porta
teu pai bem diz: São Bento!
Não sou cobra que te morda
nem sou bicho peçonhento.

São Bento, água benta,
Jesus Cristo no altar;

Arreda cobra, arreda bicho,
deixa o filho de Deus passar.

BLENORRAGIA

Farinha na água com um pouco de açúcar.
Folha de embaúba e folha de alfazema.
Um limão.
Colocar no sereno, a vasilha com a farinha na água e açúcar. No dia seguinte, coar e o caldo, acrescentar ao chá das folhas de alfazema e embaúba. Do limão, faz-se um chá separado, para em seguida juntá-lo ao outro. Tomar meio copo, duas vezes por dia.

BRONQUITE

Ingredientes
9 flores de mamão macho;
9 flores de mamão fêmea;
9 flores de paineira;
Um punhado de poejo;
3 pedaços de casca de jatobá;
2 folhas de laranjeira;
3 folhas de manga espada;
1 litro de mel.

Modo de Fazer

Cozinhar todos os ingredientes com três litros de água, até ficar reduzido em apenas um. Em seguida, acrescentar o litro de mel de abelha, deixar ferver até, novamente, ficar reduzido em apenas um litro. Toma-se uma colher de sopa, uma vez ao dia.

***

Tirar a água de um côco, em seguida, enchê-lo com mel e tapar bem. A seguir, enterra-se durante quinze dias, deixando-o bem

coberto. Após os quinze dias, desenterrar e tomar o líquido encontrado nele, três colheradas, todos os dias.
    Repete-se esta operação, para que haja realmente um resultado positivo.

***

    Pega-se doze laranjas japonesas, de casca bem amarelinha. Leva-se ao fogo, com um pouco d'água e açúcar. Deixa-se engrossar, até dar o ponto, em forma de calda. Depois coa-se, tirando as cascas e as sementes.
    Toma-se pela manhã e a tarde, uma colher de chá.

***

    Numa vasilha de barro com água, coloca-se a flor da catingueira. Em seguida aquece-se num braseiro um seixo até ficar bem vermelho; aí coloca-se o seixo na vasilha. O chá deve ser tomado no quarto.

LAMBEDOR CONTRA BRONQUITE

Ingredientes
Rodelas de batata-inglesa
Hortelã da folha grande
Folhas de Alecrim
Folhas de Colônia
Açúcar.

Modo de Fazer

    Depois de esquentar a folha do hortelã, retirar o sumo e acrescentar aos outros ingredientes. Em seguida, põe no fogo para cozinhar. Assim que estiver cozido, coar, açucarar e voltar ao fogo para ferver até dar o ponto, ou seja, apurar.
    Deve-se tomar três colheres de sopa ao dia.

***

Fazer um bolo com a raspa do juá.
Arranja-se uma vasilha com tampa. Em seguida coloca-se na vasilha, uma camada da raspa do juá para depois se acrescentar uma camada de açúcar. E assim, fazer várias camadas, igual a bolo comum. Fechar a vasilha, o máximo que possa e em seguida fazer um buraco e a enterrar. Em cima, fazer uma fogueira que dure toda noite. No dia seguinte, ao retirar a vasilha, verá que o lambedor estará apurado. Use-o três vezes por dia, uma colher de sopa.

DOR DE CABEÇA

Fazer chá com as folhas verdes, de:
lima, vassourinha e macaracau.
Misturando-as a um pouco de cachaça.

***

Conseguir 3 olhos de Carrapateira branca. Em seguida, passá-los no fogo e colocá-los em um pano branco. Amarrar o pano em volta da cabeça.

***

Fazer um café com a folha do louro e um dente de cravo. Tomá-lo, em seguida, deitar-se em um quarto escuro. Procurar dormir.

***

Fazer o chá das ervas: Capim-Santo, Boldo e Erva-cidreira. Tomar diariamente.

PERTURBAÇÕES DA CABEÇA

Fazer uma massa com cinco sementes de mamona, cinco sementes de pinhão-branco, devidamente descascadas e cinco dentes de alho. Em seguida, cozinhar cinco olhos de hortelã miúdo, juntar ao líquido a massa na quantidade de um purgante. Tomar em jejum e fazer dieta bem leve por dois dias.

CONTRA BROTOEJAS

Escaldar, durante três dias, cacos de telhas. Em seguida, pega-se aquela água e banha a criatura.

CONTRA CAXUMBA

Em um portal, vai esfregando, ora as costas, ora as nádegas, e vai dizendo:
"Ora bumba, que bumba, bumba!
Ora bumba, meu bem caxumba!"

***

Repetindo três vezes as seguintes palavras: "Caxumba, Caxumba, Caxumbão, Caxumba, Caxumba, de você eu não quero nada, leva lá uma umbigada". Na terceira vez, dá uma umbigada em um dos cantos do quarto.

CALOS E VERRUGAS

Ingredientes
8 gramas de nitrato de mercúrio
8 gramas de vinagre comum

Modo de Fazer e Usar

Misture o vinagre e o nitrato.
De dois em dois dias, umedeça os calos e as verrugas.

CATAPLASMA CONTRA FRATURAS

Coloca-se no local quebrado, envolvido num papelão bem amarrado, um cataplasma de breu com enxofre e clara de ovo. Em seguida, coloque uma pitada de enxofre em pó na língua e tome um chá da erva chamada "Solda osso".

CURAR CATARATA

Cortar a ponta da vagem do Jucá, amassar e pôr numa vasilha para ferver. Em seguida, acrescentar uma pitada de sal.
Usa-se com um conta-gotas em cada olho, 3 vezes ao dia.

***

Pela manhã, em jejum, mastigar três sementes de amendoim, antes de sair da cama. Em seguida, depositar a saliva juntamente com a papa das sementes mastigadas num algodão, que assim molhado, deverá ser apertado contra os olhos, até que neles caiam algumas gotas. Fazer sete dias seguidos.

CONTRA COBREIRO

Ingredientes
Folhas de melão de São Caetano;
A pele do fumo de rolo
Azeite de oliva

Modo de Fazer

Tirar o sumo das folhas do melão de S. Caetano, juntamente com a pele do fumo. Em seguida, acrescenta-se o azeite.
Passar durante três dias, na hora de dormir.

***

A vítima vai, juntamente com uma outra pessoa que queira fazer o serviço, à margem de um rio ou riacho. A pessoa que se dispõe a fazer o trabalho deverá conseguir três ramos de qualquer planta, e tomar um por um, molhar na água, no sentido "rio acima". Em seguida, bater com eles no local afetado pelo cobreiro, por três vezes, sendo um de cada vez, e de imediato jogando-os para trás, na parte seca, da terra. Assim que os ramos secarem o cobreiro desaparecerá.

***

Corta-se um talo da folha da bananeira. O tamanho tem que ser igual ao vão de uma porta.

A vítima fica de um lado da porta, e quem vai fazer o trabalho, do outro. Em seguida, o benzedor pega uma faca e vai dando corte no talo, enquanto a vítima vai pulando de um lado para o outro do vão da porta, respondendo:
– Que corto? (diz o benzedor)
– Cobreiro. (responde a vítima, enquanto pula).
O benzedor corta o talo três vezes, e na última diz:
– Assim mesmo eu corto: a cabeça, o rabo e o meio.

Sem perda de tempo, o benzedor deverá pegar os pedaços do talo da bananeira e deixar perto do fogo para que eles sequem. Quando estiverem secos, o cobreiro desaparecerá.

***

Sem tocar no ferimento, com uma faca na mão, vai fazendo cruz e dizendo: "Em nome de Deus e da Virgem Maria, eu corto sapo, sapão, lagarto, lagartão, aranha, aranhão, cobra, cobrão e todos os bichos que se arrastam no chão eu corto". Repetir três vezes, e quando chegar na terceira vez, dizer: "Eu corto, cabeça, rabo e coração".

Deve ser feita no mesmo horário, durante três dias seguidos.

CÓLICAS

O umbigo de um recém-nascido posto sob a pedra de um anel de prata ou de ouro, impedirá quem o use, sem saber, de ser alguma vez atacado de cólica, ou tornar-se-á, o mais breve possível, livre dessas dores.

CONTRA CÓLICA DE CRIANÇA

Fazer um chá da semente preta da melancia. É necessário assar, para transformar em pó, que deverá servir para fazer o chá. Coar e dar em pequenas doses.

CONTRA COQUELUCHE

Em nome das três pessoas da Santíssima Trindade, pegar três pedras de sal, entrar pela porta da cozinha e sair pela porta da frente de casa. Em seguida, enterrá-las junto à porta da frente, dizendo as seguintes palavras: "Estou plantando o sal aqui, em louvor das três pessoas da Santíssima Trindade. Quando este sal nascer, nós veremos a coqueluche, aqui, nessa casa."

CURA ATRAVÉS DAS ROSAS BRANCAS

É de grande eficácia contra amigdalite, epilepsia, doenças do esôfago, frigidez feminina, hérnia, pressão baixa, leucemia, menopausa, coceiras, ninfomania, prisão de ventre, verrugas, sífilis e doenças nos órgãos genitais, tanto masculino como feminino.

Modo de Fazer

Lave três dúzias de pétalas de rosas brancas em água pura (fontes, cachoeiras, nascentes, córregos). Em seguida, coloque as pétalas em uma jarra de vidro branco ou de cristal, adicionando um litro de água, da mesma fonte; vede-a com gaze ou tela de nailon, para durante a noite, deixá-la sob o sereno. No dia seguinte, antes do sol sair, retire-a e beba uma xícara ou cálice, guardando-a em local fresco ou úmido. Repete-se o ritual, todos os dias e todas as noites, até acabar o líquido da jarra.

Observação: À noite, se chover, deve-se suspender a simpatia e começar tudo outra vez. Não pode e não deve haver chuva à noite, entre o tomar de uma xícara e a outra seguinte.

CONTRA CRUPE

Limpar a garganta com sumo de lima.

Banhar a garganta ou pescoço com vinagre quente ou então colocar uma flanela embebida com vinagre em redor da garganta. Em seguida, faz-se um escalda-pés com mostarda, e na cabeça, água bem fria.

CONTRA DOR DE DENTE

Mingau de goma com 3 pimentas do Reino e uma pitada de sal.

Bochechar com o chá da flor da papoula.

Escreva no chão ou no tijolo da casa, a palavra "Gomabó", em seguida olhar para o dente e perguntar:

"O dente ainda dói?"

Pergunta-se três vezes.

***

Ingredientes

Flor de Boa-Noite
Água de anil
Camomila e palha de alho

Modo de Fazer

Fazer o chá, com tudo junto. Em seguida, bochechar.

DEPILAÇÃO

Mel de abelha puro. Coloque-o para ferver durante cinco minutos. O resultado, será uma massa que servirá como cera para ótima depilação. Use-a.

CURAR QUALQUER DOR

Durante três sextas-feiras seguidas, passar três punhados de sal grosso na parte onde se localiza a dor, ao mesmo tempo que vai rezando três Ave-Marias.

DOR NO ESTÔMAGO

Fazer chá com as folhas de:
Melão de São Caetano
Chicórea
Artemísia.

DOR NA GARGANTA

Corta-se o açafrão em rodelas, põe no sol para secar. Quando estiver bem seco, transformá-lo em pó.
O açafrão reduzido a um pó amarelo, deverá ser misturado em uma garrafa, com álcool. Em seguida, umedece um pano e põe na garganta, em forma de compressa.

DORES NAS ILHARGAS

Queima-se, na banha de um porco velho, o talo com a raiz da couve.
Unta-se as partes afetadas.

DORES MUSCULARES

Ingredientes: 1/2 litro de álcool
A raiz da junça, com folha e tudo.

Modo de Fazer: – Deixar durante uma semana, a garrafa enterrada. De preferência na lua crescente. Em seguida, desenterrar e passar nas partes doloridas.

***

Em uma garrafa de vinho branco, colocar um caroço de abacate, bem picadinho. Deixar passar 24 horas e tomar 2 ou 3 cálices por dia.

***

Picar 3/4 de um caroço de abacate e colocá-los em uma garrafa de vinho branco. Deixar sevando por umas horas, em seguida, tomar 2 ou 3 cálices por dia.

DOR DE OUVIDO

Sumo de arruda e leite de mulher. Colocar no ouvido.
Carregar um chocalho de cascavel, pedurado no pescoço.

***

Cura-se dores no ouvido, aplicando o óleo do pequi, misturando-o com o sumo do manjericão.
A mistura do óleo com o sumo deverá ser aplicada em pingos, nos ouvidos, com um conta-gotas.

DIABETES

Ingredientes
100 gramas de galhos de Unha de Vaca, que contenha folhas e flor.
1/2 litro de álcool.

Modo de Fazer e Usar

Soque as cem gramas dos galhos da "Unha de Vaca", para em seguida, colocar no meio litro de álcool, em infusão, durante vinte dias. Após os vinte dias, tome vinte gotas em um copo com água, todos os dias, pela manhã.

***

Fazer o suco do melão de São Caetano, juntamente com a Cabeça de Negro.
Tomar diariamente.

***

Fazer o chá da entrecasca de castanha roxa.
O chá é feito em uma quartinha de barro, que nunca tenha sido usada, ou seja, virgem.

***

Consiga um mamão verde, abra-o por cima, fazendo um furo. Urine dentro dele e em seguida tampe-o.
Enterre o mamão bem longe de sua casa.

***

Fazer chá de: broto da goiabeira branca, folha de manga espada, folha de pata de vaca, raiz da parreira, alcachofra, folhas de tamarindo.

DIGESTÃO DIFÍCIL

Fazer o chá das seguintes ervas:
Cipó-cravo, Espinheira-santa, Fedegoso, Erva-doce.
Tomar uma xícara após as refeições.

DIARRÉIA OU DOR DE BARRIGA

Fazer o chá das seguintes ervas:
— Raspa da entrecasca da Quebra-vaca, raiz da Vassourinha de botão, folha do mamoeiro roxo (uma parte), folha nova da goiabeira, casca de laranja, broto da goiabeira.
Tomar diariamente, várias xícaras.

***

Fazer o chá de três pés, com raiz e tudo, da planta chamada Quebra-pedra.
Fazer o chá de erva-doce com o cabelo do côco seco. Tomar diariamente.

CONTRA ECZEMA

Ingredientes
Folhas de Fruta-pão;
Folhas de Erva-moura;
Folhas de Colônia;
Folhas de Pitanga

Modo de Usar

Misturar todas as folhas, ferver e quando estiver ainda morna, lavar. Não enxugue, e procure fazer a lavagem, na hora de dormir.

ENTORSE

Fazer emplastro de:
a) a erva chamada mastruço, usando talos e folhas, macerados em um pouco d'água;
b) conseguir brasas de carvão, retirados do fogo de lenha, naquele momento.
Unir as brasas ao sumo do mastruço. Aplicar o emplastro, três vezes ao dia.

***

Três folhas de arruda, agulha virgem e linha branca. Fingindo que está costurando as folhas, vai recitando a seguinte oração: – "Nervo torto, osso fendido, carne moída, como eu". No que, a criatura machucada terá que repetir três vezes o final "como eu". Em seguida deve-se rezar um Pai-Nosso, uma Ave-Maria e o Credo.

CONTRA EMBRIAGUEZ

Conseguir três lambaris vivos, e colocá-los numa garrafa de cachaça. Em seguida, dar para o viciado beber, três goles, e o restante deverá ser jogado em água corrente.

***

Dar uma garrafa de cachaça para o viciado beber, no gargalo. Em seguida, o restante que ficar na garrafa deverá ser enterrado no cemitério, juntamente com a garrafa.

***

Conseguir os ovos que a galinha põe no dia que se comemora a Ascenção de Nosso Senhor Jesus Cristo. Em seguida, bater no liquidificador, com casca e tudo, misturados com cachaça. Dar para o viciado tomar.

ERISIPELA

Consiga sementes de abacate. Transforme-as em massa, usando-a em forma de cataplasma.
Aplique várias vezes, até sarar.

***

Misture azeite de mamona com cinza de fogueira ou fogão, e acrescente um pouco de água de um rio corrente. Nada de água de torneira. Em seguida, pega-se um galho ou vários, de Vassourinha de Igreja, fazendo uma vassourinha, e com ela, vai rezando, trançando em cruzes, o local. A oração é a seguinte:
"Pedro e Paulo foi a Roma, com Jesus Cristo encontrou. Aí **perguntou Jesus a Pedro e Paulo:** — Para onde vai Pedro e Paulo?
— Senhor, vou a Roma buscar remédio para curar Isipra.
Aí disse Jesus Cristo: — Volta para trás, Pedro e Paulo; vigia **a cinza do fogão quente, e a água do rio corrente.** Molha o galho na mistura e diz na parte afetada:
"Faz cruz que te sarará.
Faz cruz que te sarará."

***

Pegar uma pena de peru e embebê-la no mercúrio. Em seguida, misturá-la com cera de carnaúba, fazendo uma bola. Pode esconder na roupa ou carregá-la no pescoço.
Deverá ser feita em segredo e em segredo continuar.

***

Corte as unhas em cruz, ou seja, a mão direita corta as unhas do pé esquerdo, e vice-versa. E, claro, u'a mão cortará as unhas da outra mão, numa sexta-feira.
Em seguida, coloque-as, dentro de um mamoeiro, fazendo ali um pequeno furo.
Não poderá, nunca mais, comer mamão.

PARA ESTANCAR SANGUE

Fazer uma cruz do sangue, em uma folha verde ou em palha de milho. Ou então, em cima do próprio local que está sangrando, e em seguida, rezar três Ave-Marias em louvor a Nossa Senhora do Desterro.

ESPINHELA-CAÍDA

Para curar uma espinhela-caída, pegar as duas pernas do indivíduo, procurando acertar o seu comprimento, ou seja, o comprimento de ambas as pernas, vai recitando as seguintes palavras: – "Espinhela-caída, ventre virado, que vá para as ondas do mar sagrado."

DIMINUIR ESTÔMAGO

Para diminuir o estômago, deve-se tomar, durante três segundas-feiras seguidas, em jejum, um copo de água morna, diante de um espelho, o qual possa refletir todo o seu corpo, dizendo, as seguintes palavras: "– Eu não tenho estômago alto".

FERIDAS

Em primeiro lugar, lavar bem a boca e os dentes com cachaça, e depois, com água de rosas;
Em segundo, limpar a ferida com um pano embebido em água oxigenada. Depois, aproximando a boca da ferida, de modo que seu hálito possa embaçá-la, pronunciar as seguintes palavras, fazendo o sinal da cruz sobre a ferida:
Jesus Cristo nasceu;
Jesus Cristo morreu;
Jesus Cristo ressuscitou;
Jesus Cristo ordena à ferida que estanque o sangue;
Jesus Cristo ordena à ferida que se feche;

Jesus Cristo ordena à ferida que não produza nem dejecção, nem mau cheiro, como fizeram as cinco feridas que recebeu no seu Santo Corpo".

diz: Continuando, agora, para o elemento que causou a ferida,

— Ordeno-te, em nome e pelo poder d'Aquele a quem todas as criaturas obedecem, que não faças mais mal a esta criatura, do que a lança que trespassou o peito de Jesus Cristo, Nosso Senhor, pendurado na árvore da Cruz. Em nome do Pai, do Filho e do Espírito Santo, Amém.

Em seguida, cobre a ferida com uma compressa em água oxigenada, que se renova de doze em doze horas.

***

Torrar casca de romã;
Folhas de sambacaitá, arruda e pimenta.
Fazer o chá das folhas, acrescentando o pó da casca da romã. Lavar a ferida, quando estiver morno.

FORTIFICANTE PARA CRIANÇA

Ingredientes
Vinho branco;
Canela em pau;
Nóz-moscada ralada;
Erva-doce e açúcar;
Casca de queijo;
Ruibarbo.

Modo de Fazer

Deixar em infusão durante oito dias, de preferência, enterrado. Após os oito dias, dar para a criança, em uma colher de sobremesa, antes das refeições, apenas uma colher.

INFLAMAÇÃO DE GARGANTA

Fazer a seguinte garrafada:
Bonina branca
Velame branco
Gitó
Caiubim
Capitão
Brandão
Sassafrás
Guardião
Cabeça de Negro

Observação
Esta garrafada é de muito resguardo. Evitar ovos, tapiocas, carne de porco (durante um ano), pato, peru, feijoada, abacaxi, caranguejo, siri e camarão. Evitar relações sexuais por vários meses. Comer apenas carne magra. Durante nove dias em um quarto fechado, com pouca luz, barulho e visita. Estar sempre calçado com meias.

DOENÇAS DA GARGANTA

Cozinhar o ninho da andorinha com vinho branco. Assim que esteja frio, esfregar no local afetado, todos os dias.

INFLAMAÇÕES NAS GENGIVAS

Tirar a crista de um galo vivo, e com ela friccionar as gengivas da criança, como preventivo contra inflamações e dores nas gengivas.

GRIPE, RESFRIADO E SINUSITE

Torrar:
5 cm. de fumo de rolo
raspa de nóz-moscada

raspa de semente de imburana
Buchinha do norte

CONTRA HEMORRAGIA

Conseguir rãs vivas, sacudi-las numa panela virgem, bem tapada, e em seguida torrá-las em um fogareiro de carvão. Transformadas em pó, tanto pode-se misturar com água e beber como colocar na hemorragia.

***

Coloque no local afetado, o sumo do alecrim, arruda e hortelã-grande, misturado com mel (de preferência o mel de uruçu).

HEMORRÓIDAS

Conseguir três pés de Vassourinha de Nossa Senhora, também chamada de Vassourinha de Botão, com a raiz. Cortam-se dois pés e fica-se com a raiz, o terceiro pé, corta todo.
Cozinhá-los até ficar reduzidos a meio litro de água.
Bebe-se durante o dia, meia xícara.

HEPATITE

Conseguir a casca da árvore chamada flor-de-coral.
Fazer o chá e tomar diariamente.

IMPALUDISMO

A entrecasca da manjerioba, raspada, e três raízes de três pés da mesma planta, lavadas. Cozinhar e coar. Tomar o chá durante dias seguidos, principalmente, no momento em que sentir o frio e a tremedeira.

IMPINGEM

Tira-se o sumo, raspando, da bilolinha do pé de algodão. A raspa misturada com pólvora, vira uma papa, que é posta em cima do impingem.

IMPOTÊNCIA

Ingredientes
Raspa do caroço de abacate;
3 colheres da polpa do abacate;
Cipó-de-boi, picado;
Farinha, alho pisado e pimenta-do-reino
1 garrafa de cerveja preta.

Modo de Fazer

Junta-se tudo na cerveja preta, deixando em infusão, durante dez dias. Mas o cipó-de-boi deverá ser levado ao fogo para ficar bem mole, e seu caldo é acrescentado à cerveja. Toma-se 1/2 copo, na parte da manhã, em jejum, e à noite, também, 1/2 copo.

MACHUCADOS, PANCADAS E PICADAS

Ingredientes
Fumo picado;
Garrafa de cachaça
Cânfora.

Modo de Fazer e Usar

Deixar em infusão os três ingredientes. Em seguida, passar, friccionando as partes afetadas, várias vezes por dia, se for o caso.

MANCHAS, ESPINHAS E CRAVOS

Ingredientes
Seis pepinos bem maduros e compridos;
Um vidro de boca larga;
Um ovo;
100 gramas de água de rosas;
50 gramas de álcool puro.

Maneira de Fazer

Com uma colher, tirar as polpas dos pepinos, colocando-as no vidro. Bater a clara do ovo e juntando com a água de rosas e o álcool, ponha dentro do mesmo vidro. Em seguida, vede bem o vidro e deixe-o por uns cinco a seis dias para apurar. Depois do sexto dia, coe com um pano fino e limpo. Guarde em frascos bem fechados em lugar fresco. Antes de usar agite-os.

MICOSE

Sumo da folha da pimenta malagueta;
Óleo de amêndoa;
Bastante fumo de rolo picado;
Malva branca
Pó de farinha de mandioca.

Pilar o pó juntamente com a malva branca e o fumo picado. Em seguida, adicionar o sumo da pimenta e o óleo de amêndoa.

PANARÍCIO

Leva-se ao fogo, num caco de barro, folhas de tabaco, dentes de alho, açúcar e sabão, com um pouco d'água. Quando a mistura ferver e ficar bem pastosa, cobrir o dedo afetado.

***

Ingredientes
Água de sal;
Seis pingos de leite de banana;
Angu de farinha

Modo de Fazer

Acrescentar os seis pingos de leite à água de sal, e em seguida, fazer o angu.
Usar duas vezes ao dia.

PARALISIA FACIAL

Tirar o sumo das seguintes ervas:
 Arruda macho e fêmea;
 Fedegoso e hortelã miúda.
 Em seguida, amornar o sumo no óleo de rícino e tomar um copo pela madrugada durante sete dias.
 Evitar comer alimentos "carregados", assim como, carne de porco, peixe de couro, camarão, ovos, etc.

QUEIMADURAS NO ROSTO

Para evitar que seu rosto ou pele do corpo descasque, use uma folha de alface e um pepino, fazendo uma massa de ambos, em seguida passar nas partes queimadas pelo sol da praia. Serve também como um bálsamo para irritações da pela e dores provocadas pelas queimaduras.

QUEIMADURAS

Depois de aplicar remédio indicado, seja pelo médido ou curandeiro, diga três vezes em cima do local atingido, assoprando o ferimento, as seguintes palavras: "Fogo de Deus, perde o teu calor, como Judas perdeu sua cor ao trair Nosso Senhor no Jardim das Oliveiras."

PEDRAS NOS RINS OU NA BEXIGA

Consiga as cascas do ovo que tenha saído pinto. Reduza-as a pó e misture com vinho branco. Tome duas ou três vezes ao dia, em cálice.

RINS

Conseguir um chifre de boi e esquentá-lo; em seguida, faz-se uma raspagem com uma faca virgem. As raspas, depois, serão levadas ao fogo, fazendo-se um chá.
O paciente deverá tomar três vezes ao dia.

SARNAS E COCEIRAS

Vinagre e pó de telhas ou potes velhos, diluídos, servem para passar na pele ou nas partes afetadas. Curam também as feridas. Acrescentando cera de abelha e aplicando sobre as feridas, supurarão imediatamente.

CONTRA A SÍFILIS E DOENÇAS VENÉREAS

Fazer uma garrafada com a raiz do Velame, da Chanana, a casca de Bordão de Velho, em um litro de cachaça.
Enterrar durante três dias, durante a lua cheia. Tomar uma colher de sopa diariamente.

***

Fazer chá com as seguintes ervas:
Carrapichinho de Carneiro, Ipecacumanha-branca, Cana do Brejo, Angico, Abóbora de Anta.
Tomar diariamente, meio copo.

***

Fazer a seguinte garrafada:

Ingredientes
3/4 de uma boa cachaça; 1/4 de uma garrafa de água do rio; dois ramos de salsa japecanga, cortada bem miudinha; bastante açúcar; casca de caiçara, moída, 2 ou 3 pitadas.

Modo de Fazer
Colocar tudo na garrafa de cachaça, agitar bastante e tomar 1/2 xícara, 2 ou 4 vezes por dia.
Se puder, esta garrafada deve ser enterrada na beira de um rio, durante 3 a 7 dias. Enterre-a toda, deixando somente, o gargalo de fora, com a boca bem tapada.

SOLUÇO

Dá-se para beber meio copo de água à pessoa que está com soluço. Depois pergunta-se: Fulano de tal o que é isto? – O outro responde: – É sangue de Nosso Senhor Jesus Cristo.
– Pois então beba que é bom para soluço – responde o que está fazendo a simpatia.
Deve-se fazer três vezes seguidas.

TERÇOL

Para se livrar de um Terçol, sai-se no tempo, olhando para cima e dizendo, por três vezes seguidas: "Terçol, terçol, vai com o sol!"

INFLAMAÇÃO NOS TESTÍCULOS

Fritar no óleo de dendê:
 bosta de vaca, flores de camomila
 pétalas de rosas vermelhas.
Aplicar em seguida, sobre os testículos.

TOSSE

Pega-se um limão, cortar em cruz, sendo que uma das partes é jogada fora. As outras três, põe-se para cozinhar com açúcar. Toma-se diariamente, em colher de sopa.

***

Arranjar casca do jatobá, não da fruta, mas do pé, pôr no fogo com água e açúcar. Deixar ferver bastante, até ficar bem amarelo. Toma-se diariamente, às colheradas.

TOSSE DE CRIANÇA

Beterraba em rodelas finas com açúcar por cima. Deixar no sereno, durante uma noite.
No dia seguinte, escorre-se o caldo e dá para a criança tomar, em colheradas.

CONTRA A TUBERCULOSE

Cozinhar o caroço da manga-espada. Em seguida, tira-se o miolo, passando-o no moedor para conseguir a massa. Com esta massa faz-se um cuscuz, acrescentando, apenas, uma pitada de sal. Come-se à vontade.

***

Faz-se um lambedor com a parte interior da fruta Juá, acrescentando 250 gramas de açúcar. Toma-se uma colher de sopa 2 vezes ao dia.

SECAR ÚLCERAS

Consiga cascas de ostras, reduza a pó, (não importa se crua ou assada), em seguida misture-as com manteiga fresca.
Unte o local afetado, todos os dias.

CONTRA ÚLCERA VARICOSA

Lavar folhas de couve, cortar as nervuras salientes, amassar com um pau e macerar em água boricada, fazendo-se um cataplasma. Limpar a ferida e pôr o preparado sobre a úlcera, cobrindo-a com gaze ou um pano limpo. Deve-se mudar duas vezes por dia.

VERRUGAS

Verifique quantas verrugas tem, em seguida, ir ao Mercado ou a uma Loja e comprar uma pequena faca. Sem parar, vá direto para o mato, procure um pé de pinhão e nele dê tantos talhos quantas são as verrugas. Enfie a faca no pé da planta e saia sem olhar para trás. Nunca mais deverá voltar ao local.

VENENO

Para se livrar do veneno do sapo, rã ou lagartixa, quando espirrado nos olhos, é bom passar a saliva de alguém que tem boa saúde, não fume e seja do sexo masculino. Em seguida tomar umas gotas de acônito misturadas com água. De hora em hora.

Caso o veneno entre na boca, moa carvão e misture com azeite doce ou leite, antes de fazer qualquer coisa. Para finalmente, cheirar cânfora.

Preventívas

PREVENTIVAS

CONTRA EMBRIAGUEZ

Consiga um rato grande e faça-o ingerir bastante cachaça, até não mais suportar. Em seguida, reze, encruzando o rato, a seguinte oração:

"Poderes do Céu e da Terra, fazei com que fulano de tal, (o nome do viciado), compreenda que a bebida não presta e é obra do demônio para fazer os mortais se desviarem do bom caminho. Fazei com que ele compreenda que bebendo dessa maneira está se suicidando lentamente. E que ele fique assim como este animal, não suportando uma única gota de bebida."

Em seguida, mate o rato e o enterre no quintal do viciado. Caso não tenha quintal, enterre-o próximo da residência ou por onde ele passe. Depois de enterrar o rato, acenda uma vela sobre sua sepultura.

PARA SE CONSEGUIR ALGO

Um copo de vidro branco ou cristal, coloque-o em uma mesa. Ponha água no copo, até sua metade, para em seguida, cobri-lo com um pano branco e virgem.

Prosseguindo, procure ficar sentado, perto da mesa, mas distante do copo, cerca de um metro.

Olhe fixamente para o copo, concentre-se firme, durante quinze minutos, naquilo que deseja obter. Decorrido o prazo, descubra o copo com a mão esquerda e levante-o com a direita, para em seguida, beber a água em sete goles.

Esta operação deverá ser feita durante sete dias consecutivos, e sempre, na mesma hora.

QUANDO A CRIANÇA NASCE

Na primeira lua nova, a mãe deve pegar a criança e apresentá-la à lua, dizendo:
"Lua, luar, levai o meu mal
me dai vosso bem,
e deixai meu filhinho
feliz se criar. Amém."

PARA A CRIANÇA FALAR

Conseguir um chocalho de um animal e durante sete dias seguidos, na lua cheia, lavá-lo.

O chocalho deve ser reposto no animal, após cada lavagem diária.

A lavagem, ou seja, a água que fica após lavar o chocalho, deve-se dar para a criança beber.

QUANDO A CRIANÇA DEMORA A NASCER

Pegar o sapato do pé esquerdo do esposo e com ele tocar três vezes na cintura da mulher. Em seguida colocar um novelo de linha branca debaixo do colchão.

***

Fazer uma rodilha com a calça do marido e mandar a gestante sentar em cima.

PARA ENGRAVIDAR

Reduzir o pó:
  1 chifre de veado
  Bosta de vaca.
Fazer um saquinho e carregá-lo no momento de fazer sexo.

***

Leite de égua é também muito eficaz, para engravidar. Deve-se tomar depois de ter relações sexuais.

PARA ABORTAR

Garrafada: Cabacinho, quina-quina, cabeça-de-negro.
1 garrafa de vinho branco.
Coa-se e enterra por três dias, na lua cheia.

***

Garrafada: Raiz de milhomens, folha de arruda macho, semente de fedegoso torradas.
1 garrafa de cachaça.
Coa-se e enterra por 3 dias, na lua cheia.

PARA EVITAR ABORTO

Ingredientes
Cravo branco
Cinza de fogão
Qualquer objeto de ouro.

Maneira de usar

Colocar os ingredientes acima para ferver. Em seguida, coa-se. Passando alguns minutos, dar para beber.

PARA SE CONHECER O SEXO DA CRIANÇA

Pega-se um coração de uma galinha branca, cortá-lo superficialmente, em forma de cruz. Caso abra-se todo, será menina: caso contrário, ou seja, não se abrindo, será menino.

PARA CRIANÇA ANDAR

Aos domingos, deve-se colocar a criança no chão, e passando uma vassoura no lugar, vai dizendo: "Fulano de tal, vamos à missa!". Deve-se fazer vários domingos.

***

Bate-se, por três sexta-feiras seguidas, os pés da criança dentro de um pilão. Na última sexta-feira, lava-se os pés com o sumo do capim-gordura.

***

Leva-se a criança a um ninho onde haja um pinto recém-nascido. Em seguida, pega-se o pinto e vai esfregando-o, desde as coxas até os pés da criança, dizendo: "Anda Fulano de tal, acompanha este pintinho". Solta o pinto.

PARA MANTER A CALMA NA HORA DE EXAME, CONCURSO OU PROVA

Três dias antes da data da prova ou concurso, o interessado tem que tomar um cálice de água de flor de laranjeira com açúcar, recitando a seguinte oração – "Meu Deus, meu Guia, meu Senhor, ajudai-me (dizer o que vai fazer), pela intercessão da milagrosa Santa Clara, peço que clareie minha mente, acalme meus nervos, guie meus passos e tome minhas mãos sob sua proteção". Em seguida, rezar três Ave-Marias e três Pai-Nossos, oferecendo-os ao Bom Jesus dos Aflitos e à Santa Clara.

PARA ALGUÉM MUDAR DE IDÉIA

Na primeira sexta-feira do mês, alguém da família deve pegar sete moedas antigas, sete pedras de sal grosso e sete galhinhos de arruda, colocando-os num copo com água. Em seguida, rezar um Pai-Nosso e uma Ave-Maria em intenção do Anjo-da-guarda daquele que queremos mudar suas idéias, e dizer três vezes seguidas: "Senhor, mantenha a paz no meu lar, faça com que fulano de tal (o nome do indivíduo), mude o modo de pensar para que a paz e a tranqüilidade reinem entre nós. Depois de sete dias jogar tudo num lugar que tenha grama.

PARA SE LIVRAR DE ALGUÉM QUE NÃO CONFIA

Escrever o nome completo do dito cujo, três vezes, em linha reta. Em seguida, dobrar bem o papel e colocá-lo num envelope. Sem perda de tempo, procure deixar o envelope em um ônibus, trem, avião ou navio, desejando boa viagem. Após despachar o envelope, reza-se uma Salve-Rainha, até o "nos mostrai", pedindo para que o indivíduo veja, enxergue o seu caminho, se realmente, for falso.

PARA SE TER SAÚDE

Para conservar e se ter saúde, pegue na hora do Sol, quatro ramos de arruda, nove sementes de genebra, uma noz, um figo seco e um pouco de sal.
Faça a massa e coma em jejum, por vários dias seguidos.

MAU HÁLITO

Consiga um pedaço de mirra, da grossura de um avelã, e à noite, ao deitar, coloque-a na boca, deixando que se derreta.

TIRAR O MAU CHEIRO DA CASA

Torrar grãos de café, ou queimar café em pó, todas as segundas-feiras e incensar a casa, enquanto se vai dizendo a seguinte oração:
"Eu incenso minha casa para sair todos os males que houver, olhos crescidos, olhos maus, feitiços e bruxarias. Que Nossa Senhora do Desterro desterre todo o mal."
Rezar uma Salve-Rainha, até o "nos mostrai".

Em seguida, com um copo d'água contendo gotas de essência de alfazema, vai-se borrifando, da cozinha para a frente da casa, murmurando o seguinte: "Com os poderes de Deus Pai, Deus Filho e Deus Espírito Santo eu retiro todo o mal, todos os espíritos que existem dentro desta casa. Desterro para as ondas do mar sagrado".

PARA SABER COM QUEM VAI CASAR

Na meia noite, na véspera de São João, acordar, levantar e com os olhos fechados, conseguir uma folha de laranja-lima. Em seguida, sem ver a folha e nem o lugar onde vai guardá-la, sempre de olhos fechados, deixar em qualquer lugar.

No dia de São João, procurar a folha, encontrando-a, verificar se é folha nova ou velha; sendo nova indica que a pessoa se casará com um jovem, se for velha, casará com um velho; e se a folha estiver faltando algum pedaço, casará com um homem defeituoso ou aleijado.

* * *

Na véspera de São João escrever os nomes de três pretendentes, em papéis separados. Em seguida, embrulhar cada um separadamente, em forma de canudinho, pôr em uma bacia com água e deixar fora de casa, no sereno. À meia-noite, ou no início do dia de São João, olhar a bacia. Se um dos canudinhos estiver aberto com o nome de um dos pretendentes para cima, é com este que vai se casar. Caso contrário, se nenhum dos canudinhos estiver aberto, é sinal que não casará com nenhum dos três pretendentes.

PARA CONHECER O FUTURO MARIDO

Na véspera do dia de Santo Antonio, rezar nove Pai-Nossos de pé, nove de joelho e nove sentada. Em seguida, enterrar em um vaso, devidamente preparado, grãos de milho, dizendo as seguintes palavras: "Santo Antônio, semeio este milho no dia da tua festa; assim, dá-me conhecimento daquele com quem o colherei".

PARA AFASTAR QUEM NOS PREJUDICA

Durante nove segundas-feiras seguidas, acenda uma vela branca no portão de sua casa e reze 1 Pai-Nosso e 1 Ave-Maria, oferecendo à Corrente do Desterro, dizendo: – "Corrente do Desterro, eu lhe peço que desterre, desuna, afaste tudo e todas as pessoas que quiserem me prejudicar". No caso de um nome específico, citá-lo. Depois de nove segundas-feiras, passe esta corrente para outras nove pessoas e mande rezar uma missa em ação de graça à Corrente do Desterro.

PARA A CRIANÇA TER BOM HUMOR

Faça uma trança com sete pedaços de linhas de sete cores diferentes. Em seguida, amarre a trança no braço esquerdo da criança deixando-a durante sete dias, quando então, deverá retirar do braço da criança e levá-la numa igreja, ofertando-a aos sete anjinhos mais alegres do céu.

A trança deverá ficar em um altar, de preferência no altar de Nossa Senhora da Conceição ou da imagem que tenha anjos em volta.

PARA REATAR UMA AMIZADE

Numa sexta-feira de lua cheia, meia-noite, ir para traz de uma porta e dizer três vezes: – "Fulano de tal foi-se embora e não voltou. Abri-vos portas e portais. Por onde Santo Antônio entrou, há de entrar cada vez mais".

PARA SE CONSEGUIR ALGO

Numa sexta-feira de lua cheia, meia-noite, ir para traz de uma porta, com um pano, roupa ou um tecido qualquer, e dando três nós no pano, vai dizendo: – "Estou amarrando os culhões do Diabo para que ele não tenha paz e nem sossego enquanto o meu pedido não atender". Fazer o pedido.

Deixar o pano com os três nós no mesmo lugar até conseguir o desejo, e desfazendo-os após conseguido.

PARA QUE HAJA FELICIDADE DURANTE O ANO

No dia seis de janeiro, consagrado como Dia de Reis, toda a família deverá, reunida, chupar todas as sementes da mesma romã.

PARA FICAR BONITA

Comer a flor do coco seco, depois de raspá-lo atrás de uma porta, chamando três vezes pelo nome de uma pessoa que ache bonita.

Ao chamar pela terceira vez, será necessário que já tenha mastigado tudo.

PARA ACALMAR O HOMEM

Conseguir fios de cabelos, tanto pode ser da cabeça como da barba.

Conseguir folhas de arruda e de guiné.

Queimar carvão e quando estiver em brasa, colocar por cima, em uma bandeja, os fios de cabelos, as folhas de arruda e guiné. Em seguida, no momento que começar a sair uma fumacinha, rezar a seguinte oração:

"Essência da arruda e guiné, assim como estes cabelos desapareceram no fogo, fazei com que a maldade de fulano de tal desapareça. Que ele volte para casa sempre bom como um cordeiro, e amoroso como uma pomba. Que não brigue mais com a família, e que seja sempre trabalhador e honesto".

PARA SE LIVRAR DE INCÊNDIO

De algum incêndio, procure tirar um carvão, e com ele, faça três cruzes no local, dizendo: "Se vós não me salvardes nem me socorrerdes, Senhor, eu consinto em ser lançado nos infernos". Em seguida, com o mesmo carvão escreva em alguma parte do corpo, o seguinte "A.J.N.R.B., e finalmente, dentro de sua casa escreva com o mesmo carvão: "In te Domine, speravi, non confundar in ceternum."

O que sobrar do carvão, ponha em um copo com água deixando-o em algum lugar da casa.

CONTRA RAIOS E TEMPESTADES

Pegar uma imagem de Santa Bárbara, amarrar com uma fita branca o braço, o pescoço e a cintura da imagem, assim que começar a tempestade, acendendo uma vela. Em seguida, lavar a boca com três bochechos e rezar: "Eu vos peço, Senhora, que intercedeis por mim junto daquele que por nós morreu resignado. Com esta fita, tenha a alma pura e puras as intenções. Livrai-me a mim, que não sou digno(a) da vossa proteção, contra os terrores dos raios. Assim seja."

PARA EXPULSAR MOSCAS

Esfregar na casa toda, cal branco misturada com o sumo da erva chamada Dormideira e em seguida defumar com a raspa do casco da mula. De preferência o casco do lado esquerdo.

CONTRA MOSQUITOS

Quando anoitecer, deve-se queimar açúcar bruto ou cristal, em cima de uma pá quente, com todo o recinto fechado. Depois de algum tempo, abrir as janelas, e assim que sair o cheiro forte e a fumaça, fechá-las novamente.

CONTRA VISITAS INDESEJÁVEIS

No portal de entrada, colocar uma moeda de quina, presa no referido portal. Assim que a visita se for, ponha a moeda na porta dos fundos, na mesma posição, e reze o Credo até "morto e sepultado".

PARA IMPEDIR O DIVÓRCIO

Dois corações de codornas. Um macho e o outro de fêmea.
O coração do macho dar para a mulher usar, e o da fêmea, ao homem.

PRESERVAR E ENGROSSAR O CABELO

Ingredientes

1 xícara de rosmaninho (flores e rama):
5 xícaras de vinho branco;
2/3 de xícara de mel;
2/3 de xícara de óleo de amêndoas doces.

Modo de fazer e usar

Deixe o rosmaninho em infusão no vinho durante 8 horas, ou por uma noite inteira. Acrescente depois o mel e mexa até dissolvê-lo; junte o óleo de amêndoas e mexa novamente. Coloque 2 ou 3 colheres de sopa dessa mistura numa xícara e esquente em banho-maria até que atinja a temperatura do sangue (36,5ºC).
Massageie o couro cabeludo com esse preparado e penteie o cabelo para espalhá-lo pelos fios. Espere pelo menos 30 minutos e depois lave.

DETERGENTE CASEIRO

Ingredientes

1 barra de sabão; 3 limões; 1 litro de água fervente;
3 colheres de amoníaco líquido;
3 litros de água fria.

Modo de fazer

Raspe a barra de sabão, dissolvendo-a, após, na água fervente. Coloque, em seguida, o suco dos limões e adicione a água fria, para depois, derramar o amoníaco.
Agite bem a mistura, guardando-a em garrafas ou vasilhames de plástico.
Serve para limpeza geral e inclusive para lavar roupa.

BANHO PARA OS OLHOS

Ingredientes

1 colher (de chá) de mel;
1 xícara de água

Modo de fazer

Junte o mel à água e ponha para ferver.
Cozinhe em fogo brando por cinco minutos e deixe esfriar.

Lave os olhos duas ou três vezes por dia ou, então, embeba chumaços de algodão e coloque-os sobre os olhos fechados, relaxando por cinco minutos.

MÃOS ÁSPERAS

Ingredientes

1 fatia de limão;
1/2 xícara de limão.

Modo de fazer

Coloque o limão dentro do leite e deixe-o ficar de 2 a 3 horas, até que o leite esteja ligeiramente coalhado. Em seguida, retire o limão. Guarde o líquido na geladeira para não azedar por completo.

Sempre que necessitar, use a loção, que se tornará um creme espesso, com cheiro de limão.

As mãos tornar-se-ão macias e suaves, massageando-as duas ou três vezes por dia.

PARA ESQUECER ALGUÉM

Se quiser esquecer alguém, pegue um pedaço de papel preto, escreva o nome deste alguém, de trás para frente, dobrando-o, em seguida, em três partes.

Um lenço branco, virgem, será usado para embrulhar o papel, e uma fita vermelha servirá para amarrar o embrulho.

Vá a um local onde haja água corrente, de preferência um rio ou riacho, e jogue o tal embrulho. Saia sem olhar para trás.

PARA AFASTAR DOENÇAS

Para afastar doenças de sua casa, vá a uma estrada de chão batido, passe no corpo três quiabos, um por um, um ovo, uma pedra

chamada "coração-de-negro", e uma vela, partindo-a em seguida, em três pedaços.
Procure não voltar pelo mesmo local.

CONTRA LADRÃO

Para evitar que entre ladrão em sua casa, pegue uma medalha de São Dimas e com ela na mão, posicione-se na porta de entrada, repetindo três vezes seguidas as palavras "Pelas chagas de Nosso Senhor Jesus Cristo, peço-vos que defendas minha casa de todos os perigos."
A medalha deverá ficar atrás da porta.
Reze três Pai Nossos, três Ave-Marias e uma Salve-Rainha.

PARA NÃO FICAR ÉBRIO

Quem gosta de beber, mas não quer ficar tonto, deve repetir três vezes, antes de começar a beber, as seguintes palavras:
"Sete cuias,
Sete cuitês,
ferrão de Mandi,
banana tê!"

PARA DEIXAR O HOMEM MAIS POTENTE

Se quiser que seu homem fique mais potente, pegue sessenta pimentas malaguetas, o nome dele, completo e zougue; colocar tudo dentro de um saquinho de veludo, com a boca bem amarrada. Em seguida, pegue uma varinha de bambu, bata durante sessenta e seis vezes seguidas, no saquinho, pendurando-o no seu quarto de dormir.

MEMÓRIA FRACA

Para quem é fraco da memória, é bom tomar o chá da folha da alface, dormideira e da papoula vermelha.
Deverá tomar o chá, três vezes ao dia, durante sete dias seguidos, no mínimo.

EVITAR LADRÃO

Para evitar ladrão em sua casa, pegue três dentes de alho roxo e três pregos virgens. Em seguida faça uma cruz com um galho grosso de arruda, de alecrim, ou de guiné.
Quando enfiar os pregos na cruz, vá olhando fixamente para ela e dizendo as seguintes palavras: – "São Dimas, meu bom ladrão, assim como Cristo lhe perdoou na cruz, assim eu peço que perdoe aqueles que querem roubar nesta casa."
Faça uma mochila de um pano branco e virgem, ponha tudo dentro, inclusive os três dentes de alho roxo, e deixe-a atrás da porta, pendurada.

DOR NOS OLHOS

Para se livrar de uma dor nos olhos, consiga sete galhinhos de arruda, lave-os bem, e deixe dentro de meio litro de água, a noite toda, no sereno, não esquecendo de cobrir o recipiente com uma peneira.
Em seguida, no dia seguinte, antes do sol sair, lavar os olhos com a água.
A operação deverá ser repetida por três dias seguidos.
Terminando os três dias da lavagem dos olhos, procurar alguém que esteja sofrendo do mesmo mal, e se aproximar do indivíduo, sem deixar que lhe toque, murmurar o seguinte: "Cotovelo comadre". Se for mulher; – "cotovelo compadre". Se for homem.

PARA ATRAIR MULHER

Tomar banho, sete dias seguidos, com o pó do sândalo e açúcar, misturados, num balde d'água. Deixar ferver por cinco minutos, acrescentar mais água e jogar no corpo.

PARA FECHAR OS POROS E AMACIAR A PELE

Cortar um limão em seis fatias. Em seguida, deixá-las de molho em água fria durante três horas. Após o que deverá coar e seu caldo misturar com a água da banheira.

PARA RELAXAR O CORPO

Cem gramas de camomila
Cem gramas de alecrim
Cozinhe ambas as ervas, coe e adicione o seu resultado à água da banheira. O cozimento deverá ser em meio litro de água. Em seguida, acrescente água de lavanda.
Não tenha pressa. Deixe-se ficar na banheira por um bom tempo.

Protetoras

PROTETORAS

PARA CONSEGUIR EMPRÉSTIMO BANCÁRIO

Em primeiro lugar, và à caixa de um Banco onde se pretende fazer a transação comercial, e troque uma cédula por moedas. Deverá trazer mais de cinco moedas, em troca da cédula.

Em segundo lugar, pegue as cinco moedas adquiridas na caixa do Banco e ponha em um prato branco raso, com o nome do Banco escrito em um papel vegetal, embaixo das moedas.

Em terceiro lugar, coloque cinco folhas de menta sobre as moedas e cubra-as com azeite de oliva e mercúrio.

Em quarto lugar, ponha uma mecha de vela no prato, boiando no azeite, que deverá ser acesa ao meio-dia e queimar por uma hora, diariamente.

Durante cinco dias se repete a simpatia. E, se nesse período não se realizar o negócio, continuar até a sua realização, que não deverá tardar.

A SUA MOEDA DA SORTE

Consiga um dólar, em moeda.

Faça uma cruz sobre uma pedra ímã com os seguintes elementos: arruda, alfavaca e aniz estrelado.

Em seguida, coloque a moeda sobre a cruz.

A moeda deverá ser benzida com água benta, previamente.

Depois de colocar a moeda em cima da cruz, cobri-la, encruzando, com linha branca e amarela, enquanto vai rezando 3 Ave-Marias. Passados 3 dias, faça um breve com pano branco e amarelo, envolvendo-a.

Deve ser usada no bolso ou na carteira.

PARA SE TER PAZ E SUCESSO

Em primeiro lugar, consiga uma imagem de Santa Verônica. Em seguida, escreva atrás da imagem, e de próprio punho, a seguinte oração:

PAX DOMINI NOSTRI JESU CHRISTI SIT SEMPER MECUM; PER VIRTUTEM HELIAE PROPHETAE, CUM POTESTATE ET EFFICACIA FACIEI DOMINI NOSTRI SALVATORIS ET DILECTISSIMAE MATRIS EJUS SANCTAE MARIAE VIRGINIS, ET PER CAPUT SANCTI JOANNIS BAPTISTAE, ET PER DUODECIM APOSTOLOS, ET PER QUATUOR EVANGELISTAS, ET PER SANCTOS MARTIRES DEI, CONFESSORES, VIRGINES, VIDUAS, ARCANGELOS, ANGELOS ET OMNES DENIQUE CELESTES HIERARCHIAS, AMEM.

Deve ser rezada todos os dias e carregá-la consigo.

CONTRA QUEDA DE CABELOS

Ingredientes

Mutamba, babosa (folhas), coco de babaçu e semente de juá.

Modo de fazer

Pôr para serenar, em seguida, reduzir tudo a pó, pilando. Coar, colocar numa garrafa e enterrar durante a lua nova. Depois, é só passar nos cabelos, todos os dias.

PARA ALCANÇAR UM PEDIDO

Faça num cristal uma cruz com azeite de oliva e sob a cruz escreva: Santa Helena; em seguida, dê o cristal a uma criança pura, nascida de casamento legítimo, para segurar, depois ajoelhe-se atrás dela e diga três vezes a seguinte oração: "Deprecor, Domine, Santa Helena, mater regis Constantini". Assim que a criança der sinal de estar vendo algo, poderá fazer-lhe o pedido.

PARA SABER ALGO QUE SE NECESSITA

Ponha um guardanapo branco sobre uma mesa, disponha em cima duas velas novas, tome um copo de cristal muito limpo, encha-o com água de uma fonte, ponha o copo sobre a mesa com uma moeda marcada em cruz sob sua base, borrife-o com água benta dizendo: "Benedictio Dei Patris omnipotentis descendat super vos et maneat semper".

Em seguida, ponha-se de joelhos, cabeça descoberta diante da mesa, e profira o que se segue: "Anjos santos, santos anjos, anjo branco, meu bom anjo, eu vos peço para afastar tudo o que puder impedir Uriel de me fazer ver o que eu quero ver e de saber em toda a verdade, como é verdade que Deus vos confiou a minha guarda; e para vossa recompensa, eu vos direi o Pai-Nosso com o Creio-em-Deus-Pai e o Miserere".

Em seguida diga três vezes a seguinte conjuração: "Santo Uriel, eu te conjuro pelo grande Deus vivo, que é teu Senhor e o meu; pela pureza de São João Batista e pela pureza que a ti se apresenta, pela vara de Moisés, que venhas para dentro deste copo cheio d'água e dele não saias antes de me responderes a tudo o que vou te perguntar. Galate, Galatá, Calim, Calá. Sê bem-vindo, traze o livro de Moisés, abre-o, põe a mão embaixo, e jura me fazer ver o que quero ver; direi um Pai-Nosso a Jesus Cristo, e uma Ave-Maria à Virgem Maria."

Quando você vir alguma coisa no corpo, diga: "Santo Uriel, eu te conjuro pelo Deus vivo que me faças ver o que vou te citar; prometo-te um Pai-Nosso e uma Ave-Maria.

Depois de ter o anjo satisfeito seus desejos, despacha-o dizendo:

"Ite in pace ad loca vestra, sit pax inter nos et vos. In nomine Patris, et Filis, et. Esp. Sanctis."

COMO CONSEGUIR EMPREGO

Em um papel vegetal escrever 21 vezes a palavra "Felicidade", e em seguida, o nome do emprego que deseja. Após fazer isso, consiga um copo que nunca tenha sido usado, encha-o com água, coloque-o no sereno, por três dias e três noites, juntamente com o papel escrito, embaixo do copo. Quando terminar os três dias, jogue a água do copo sob uma planta, depois de ter tomado três goles, enterre o papel e vá a procura do emprego desejado.

PARA EVITAR MAU-OLHADO

Em uma planta chamada "Comigo-ninguém-pode", enfiar dois pregos que nunca tenham sido usados, deixando a planta perto da porta principal ou sala de entrada.

PARA SE ALCANÇAR UMA GRAÇA

Numa primeira sexta-feira do mês, correr sete igrejas, onde possa encontrar em cada uma delas, um pobre que esteja esmolando. A cada um deles deve dar em nome de Deus Pai, Deus Filho, Deus Espírito, uma esmola contendo: uma moeda, um pão e uma roupa. A cada entrega, finaliza com o seguinte pensamento: "que esta moeda me aumente a fortuna; que este pão, me aumente o alimento e que esta roupa, me vista e nunca me deixe nu. Assim seja alcançada a graça que peço, que é..." (Fazer o pedido).

ou

Numa segunda-feira de lua nova, correr sete esquinas levando sete bifes de vitela, tentando encontrar em cada uma delas, um cachorro ao qual se oferece um bife, "pelo amor de Deus" para que aquela criatura possa farejar a sua graça que é... (Fazer o pedido). Em nome de Deus Todo Poderoso, Criador de Todas as coisas visíveis e invisíveis. Amém."

PARA AMANSAR

Arrancar, com delicadeza, um punhado de pêlos de carneiro, pôr em uma panela com água fervendo. Abafar por uns cinco minutos. Em seguida, deixar esfriar, coar e colocar no chá, leite ou café e dar a quem se deseja amansar, dizendo as seguintes palavras, enquanto o líquido é tomado:

Tome isto, fulano ou fulana, e fique manso como um cordeirinho".

Obs.: Manter segredo total.

PARA DESFAZER UMA SIMPATIA AMOROSA

Se uma mulher para se fazer amada, deu algo ao homem, e se este quiser se desfazer deste amor, é necessário arranjar uma camisa ou camisola da mulher, e urinar por dentro da manga direita.

AMANSAR CACHORRO

Pegar um pedaço de carne fresca, (um bife), passar em seguida, em forma de cruz, na sola do pé esquerdo.
Dar ao cachorro para comer.

CRUZ DE SÃO BARTOLOMEU

Três pedaços de pau de cedro, sendo um maior que os outros. Em seguida cobri-los com alecrim, arruda, aipo e colocando, em cada braço, (os três pedaços de cedro formando desenho de uma cruz), em cima e embaixo da cruz, uma pequena maçã. Durante três dias deverá permanecer mergulhada em água benta. Ao término dos três dias, retira-se tudo e, à meia-noite, reza-se perto da cruz, a seguinte oração: CRUZ DE SÃO BARTOLOMEU, A VIRTUDE DA ÁGUA EM QUE ESTIVESTE, E A MADEIRA DE QUE ÉS FORMADA, QUE ME LIVREM DAS TENTAÇÕES DO ESPÍRITO DO MAL E TRAGAM SOBRE MIM A GRAÇA DE QUE GOZAM OS BEM-AVENTURADOS".

Faça um saquinho de seda preta, dê um banho de água benta, deixe secar e nele coloque a cruz. Traga-o consigo sem que ninguém veja. Também pode carregar a cruz, presa a um cordão de seda negra.

Quando se sentir cansada, com pouca força, na certa é mau-olhado, então reze a oração acima. Ao se levantar fazer o mesmo ritual, dessa vez rezando um Pai-Nosso e uma Ave-Maria.

Quanto às maçãs, deverá levar a um cemitério, e com uma vela acesa, oferecer às almas mais necessitadas, ou àquelas que morreram de fome.

LIMPAR O SANGUE

Em uma garrafa com cachaça, colocar raiz de Velame, folhas de Chanana, cascas de Bordão-de-velho. Enterrar por três dias, durante a lua cheia. Tomar em cálice pequeno, 3 vezes ao dia.

PARA ACABAR COM A INFIDELIDADE

Quando se quer impedir que alguém que se ama nos seja infiel, em primeiro lugar, arranjam-se alguns fios de seus cabelos, que após torrados, o pó que restou deve ser lançado sobre a cama ou outro lugar onde costuma fazer sexo. O leito deve ser previamente untado ou esfregado com mel.

Procure fazer sexo com o ser amado o mais breve possível, de preferência, logo depois do ritual simpático.

PARA SUBJUGAR UM INDIVÍDUO

Em primeiro lugar é necessário conseguir cabelos da moleira daquele que se quer dominar.

Em seguida num matagal, procura-se uma casa de cumpim, nela introduzindo a mecha de cabelos. Tapa-se o buraco enquanto se pronuncia as seguintes palavras:

"Assim como eu estou colocando este cabelo dentro deste cupim, que há de roer, assim é para que o anjo-de-guarda de fulano de tal dê na cabeça dele e ele vir aos meus pés, em nome de Deus Pai, Deus Filho, Deus Espírito Santo, por que Deus quer, Deus pode e Deus faz tudo quando quer.

Assim como este cupim roe o cabelo, eu espero que te parta o coração, para não teres força nem coragem para me desobedecer".

PARA GANHAR NA LOTERIA

Um pouco antes da meia-noite de uma sexta-feira de lua cheia, levar café amargo, em um coité (recipiente feito com a casca do coco), uma vela acesa e, sob uma roseira, deixá-los, dizendo as seguintes palavras: – "Negra é a noite, branco é o dia, minhas almas me mostrem o número que vai dar na loteria." Em seguida, acender três palitos de fósforo, um por um, e introduzir a chama no líquido. Espere a vela acabar e assim, três ou quatro horas depois, voltar para verificar os sinais que estão desenhados no café.
Atenção: O café deverá ser posto com borra e tudo.

PARA LIVRAR-SE DE PERSEGUIÇÕES

Fazer uma estrela em um papel vegetal, e dentro dela, escrever a seguinte oração:
" BELA ESTRELA QUE LIBERTASTE OS MAGOS DA PERSEGUIÇÃO DE HERODES, LIBERTA-ME DE TODO O TORMENTO".
Carregá-la consigo.

PARA EXPULSAR PULGA

Tirar o sumo da arruda macho e misturar com a urina do jumento. Passar nos lugares infectados.

EXPULSAR PERCEVEJO

O fel, ou a bosta de boi, misturado e diluído em vinagre. Esfregar no local empestado.

* * *

Pepino em forma de serpente, temperado e conservado em água. Esfregar no local.

PARA DOMINAR UMA PESSOA

Numa terça-feira, compra-se um carretel de linha preta; escreve-se o nome da pessoa em um pedaço de papel vegetal; à noite do mesmo dia, sai-se a passear, e enquanto caminha, com u'a mão segura o papel contendo o nome do indivíduo, e com a outra vai enrolando-o com a linha. Quando o carretel não tiver mais linha e o papel estiver totalmente coberto pela linha, joga-se em um matagal ou sob uma árvore frondoza, de maneira que ninguém venha a descobrir.

Na volta da caminhada, procura-se outro caminho. Evita-se voltar pelo caminho que se iniciou a caminhada.

PARA VENCER UM INIMIGO

Ingredientes

1 metro de morim preto;
1 punhado de fumo picado;
1 língua de lagarto ou uma lagartixa, macho ou fêmea, dependendo do sexo do inimigo;
1 objeto pessoal do inimigo.

Modo de fazer

Em uma segunda-feira, na lua minguante, à meia-noite, ir ao cemitério.
Dos ingredientes, fazer uma trouxa.
No cemitério, fazer um buraco, enterrar a trouxa do morim preto. Em seguida, fechar o buraco, e em cima, deixar umas moedas, como forma de pagamento, além de uma vela acesa.

PARA AFASTAR MAUS ESPÍRITOS

Ingredientes

Três dentes de alho; 3 raízes de guiné-pipiu; uma garrafa de cachaça; folhas da erva jequeirinha; folhas de arruda macho.

Modo de fazer

Colocar todos os ingredientes na garrafa de cachaça, enterrá-la durante três dias. A seguir, pode ser usada, tanto como bebida, como espargindo no local.

PARA ALCANÇAR UMA GRAÇA

No mês de junho fazer a novena de Santo Antônio e carregar sua imagem numa procissão. Após a procissão, levar a imagem à beira de um rio, lavá-la colocando-a em seguida, no seu lugar de origem.

PARA O CABELO CRESCER

Por ocasião da lua nova, fazer um buraco na bananeira e enterrar uns fios de cabelo, dizendo as seguintes palavras:
"Abênção, dindinha lua,
Deus lhe dê boaventura,
Fazendo que meus cabelos
cresçam até a cintura."

CONTRA PULGAS

Espalhar no local afetado, galhos de arruda verde e casca de cedro verde.

PARA SER FELIZ

Na noite de sexta-feira de lua cheia procurar um descampado, vestido todo de branco, fazer um círculo de rosas brancas, se posicionando no meio do círculo, pondo as mãos para o alto em direção à lua e dizer: – "Lua, oh lua, que tua paz, tua beleza e tua riqueza me cubram." Repetir sete vezes seguidas.

Ao sair do círculo, deverá deixar, como pagamento, uma maçã, um punhado de arroz com casca e um punhado de trigo ou cevada.

Faça durante sete sextas-feiras de lua cheia, e seus pedidos serão concretizados.
Pode ser feito também na beira da praia.

TRAIÇÃO

Para quem tem medo de ser traído pela mulher, conseguir uma estrela-do-mar e uma calcinha da companheira, de preferência, suja e bem usada. Em seguida, fazer um saco de seda azul, envolver a calcinha na estrela-do-mar e colocá-las no saco.

Numa sexta-feira, à meia-noite de lua cheia, vedar bem o saco de seda azul, costurando a boca.

Na sexta-feira seguinte, no mesmo horário, colocar o embrulho dentro do colchão no lado onde a mulher dorme.

PARA SE CONSEGUIR A FIDELIDADE DA MULHER

Se você se sente inseguro com relação ao amor de sua amada, basta que arranje um pedaço, tamanho médio, de sebo de bode. Em seguida, ter relações sexuais com ela, não esquecendo de esfregar o pedaço de sebo em seu pênis.

Pode ficar tranqüilo, que a partir desse momento, a sua amada não mais terá vontade de fazer sexo com outro homem.

PARA FAZER FEITIÇO OU AFASTAR O MAL

Conseguir uma chave de aço e, com água benta, benzê-la recitando a seguinte oração:

"Ó Senhor, lança sobre esta chave tua santíssima bênção, teu santíssimo poder, para que ela tenha virtude eficaz e que toda porta por onde Satanás queira entrar esta chave impeça, mantendo-a fechada; abençoada seja em nome do Pai, do Filho e do Espírito Santo. Amém."

Enquanto vai rezando, respingar com a água benta as quatro pontas da chave, em forma de cruz. Depois, colocar a chave no peito daquele que esteja embruxado, fazendo a seguinte oração:

"Ó Jesus Onipotente, que do seio do eterno Pai viestes ao mundo para a salvação dos homens, dignai-vos, pois, Senhor, de pôr preceito a todos os demônios, para que eles não tenham mais o poder e atrevimento de entrar nesta morada. Seja fechada esta porta assim como Pedro fecha as portas do Céu às almas que lá querem entrar sem que primeiro expiem as suas culpas."

Prosseguindo, finge-se que se está fechando algo, no peito do paciente, e reza-se esta outra oração:

"Dignai-vos, Senhor, permitir que Pedro venha do céu à terra, fechar a morada onde os malditos demônios querem entrar quando muito bem lhes parece. Pois eu (dizer o nome) em vosso santíssimo nome, ponho preceito a esses espíritos do mal, para que desde hoje e para o futuro não possam mais fazer morada no corpo de fulano de tal (dizer o nome completo do paciente). Que lhe seja fechada esta porta perpetuamente, assim como lhes é fechada a do reino dos espíritos puros. Amém."

Para terminar, escreva em um papel vegetal o nome de Satanás, queime-o e enquanto as chamas estão devorando-o pronuncie as seguintes palavras:

"Desapareça, Satanás, como o pó da
estrada e o fumo das chaminés."

ATRAIR A SORTE

Para atrair a sorte, no primeiro dia do ano coma bastante lentilha, no almoço e no jantar. Evite comer aves. E na sobremesa, coma uma romã, tendo o cuidado de guardar, no bolso ou na carteira, nove sementes ou caroços.

Em seguida, após o jantar, prepare um prato de comida, como se esperasse alguém para comer. Aguarde um certo tempo e depois leve-o para fora de casa, no jardim, terraço ou alpendre, deixando-o lá, juntamente com um copo com água. Ao amanhecer, leve-os ao um jardim, e lá entregue aos Três Reis Magos.

No ano seguinte, repita o mesmo ritual, não esquecendo de substituir as sementes da romã, deixando as velhas, juntamente com a oferenda, no jardim.

PARA SER ELEGANTE

Se quiser ser mais elegante no andar, ponha uma moringa com água, na cabeça e ande trinta e sete passos para a frente e trinta e sete passos para trás. Em seguida, jogue o conteúdo da moringa em seus pés.
Faça isso, sete sextas-feiras seguidas.

Segredos Populares

SEGREDOS POPULARES

- Para quem tem herpes, aconselha-se envolver a parte afetada com folhas de pinhão-bravo, devidamente esquentadas.

- A folha da abóbora quente, sobre os dedos afetados, é também de grande efeito nas manifestações de herpes.

- Para o mesmo mal não há como cuspe em jejum antes de dar bom dia.

- Combate-se a impotência com chá de casca de catuaba.

- Para que os espinhos saiam dos pés ou das mãos, de quem os tenha, usar emplastros de folha de chanana.

- Para o que chamam "privação de arroto", receitam chá de "Imbiriba", ou seja, o embiri.

- Para combater as hemorróidas tomam chá de mutamba.

- Curam a blenorragia com chá de carrapicho-de-boia.

- Para os que caem desastradamente, receitam "chá-de-brasa", que se faz pilando, antes, carvões retirados ao fogo ainda acesos.

- Para sarar frieira usa-se a massa da mandioca de manipeba.

— A flor da cabaceira, quente, serve para frieira.

— O chá da flor do sabugo, serve para indigestão.

— Contra a hérnia, usa-se um cinturão feito com o couro do boto.

— Água de barro, fervida, serve contra a azia.

— Sarro do cachimbo, serve para fechar ferida

— Contra o acesso de coqueluche, deve-se comer a polpa do coco até o vômito.

— Para os diabéticos é bom ingerir a água da infusão da castanha da sapucaia.

— Prender à cintura um raminho verde de salsa, é bom contra a dor esplênica, ou vulgarmente conhecida como dor-de-veado.

— Comer carne de teiú é bom contra dor no lumbago.

— Comer a carne do lagarto-verde, assada, é bom contra barriga-d'água.

— Sebo de carneiro castrado é bom para desinflamar qualquer parte do corpo, em forma de fricção.

— Tomar cebola serenada com banha de galinha é bom contra o arrocho no peito.

— Para dor nas costas, mandam que o paciente fique deitado de bruços e sobre ele passar uma filha donzela, várias vezes, fazendo cruz.

— Gema de ovo misturada com rapé, também é bom para panarício.

— Esfregam igualmente um ovo quente, até esfarelá-lo por completo, sobre o dedo enfermo. Alivia as dores provocadas.

- A batida de jenipapo, deixando-a em água serenada, em seguida coar e tomar em colheradas, é bom contra a coqueluche.

- Contra a diarréia, retiram a seiva da bananeira e servem-na, de imediato, ao paciente.

- Mascar fumo é bom contra cãibra.

- Chá de formiga-de-roça é bom para combater a crupe.

- Uma cruz de cinza sobre a barriga do doente é bom contra a hidropisia.

- Para combater a íngua, o doente deve colocar o pé na trempe do fogão e com uma faca fazer três risquinhos ao redor do pé.

- Farinha seca é bom contra engasgadura de espinha de peixe.

- Se a farinha não resolve nesse transe, apanham um tição no fogo e com ele fazem uma cruz nas costas do doente, reconduzindo o tição ao fogo, onde ficará metido, agora com parte acesa para fora.

- Uma camada de cera de abelha, usada constantemente, cura calo seco.

- Contra o soluço, atira-se a água de um copo na parede, cheirando-a em seguida.

- Contra "galo" ou equimoses, esquenta-se uma lâmina de uma faca pressionado-a em seguida, na parte afetada.

- O chá de "olhos" ou brotos da goiabeira é bom contra diarréia.

- Contra sinusite, recomenda-se cheirar várias vezes um torrão de barro molhado.

- Para não se vomitar, é aconselhável trancar uma fechadura e pendurar a chave ao pescoço.

- Contra vermes, o chá dos "olhos" da planta do fícus-benjamin.

- Fel de caranguejo é bom para abrir apetite.

- Para soltar catarro, é bom tomar um caldo feito com as patas e os rabos de oito caranguejos.

- Cura-se panarício pondo, aberto ao meio, sobre o dedo afetado, um galo-de-campina, ainda com estremecimento de vida.

- Cura-se frieira cortando-se a cabeça de um cágado, e de imediato, derramar o sangue sobre os dedos afetados, e em seguida, esfregando-a tambem, sobre os dedos.

- A banha de galinha friccionada ao redor do pescoço, alivia a má respiração.

- Introduzindo na boca do paciente, uma colher de pimenta-do-reino pilada, levanta-se a "campainha-caída".

- O chá do pinhão-bravo, pisado e torrado com gergelim, é bom contra congestão.

- Para se acabar com o piolho da cabeça, é bom passar o óleo de coco misturado com a polpa da semente da pinha.

- Friccionar a cabeça com a folha da ateira, é bom para renascer os cabelos perdidos por doença.

- O caldo da carne fresca é bom para renascer cabelo, aplicando-o através de massagem.

- O chá da raiz da manjerioba é bom para curar acne.

- Cera de ouvido, aplicada na parte afetada, é bom para curar acne.

- Com a água que se lavou os pés, deve-se lavar o rosto, para acabar com as espinhas.

- Gordura de galinha, untada na cabeça, é bom para nascer cabelo.

- Um couro de gato preto, posto sobre o pulmão do paciente, cura pneumonia.

- O bofe da lagartixa deixado sobre a parte afetada, tira a estrepe.

- O fato da ovelha negra, posto sobre a cabeça do paciente, melhora o seu estado mental.

- A papa feita com jerimum e gema de ovo, posta sobre a parte afetada, evita que a gangrena se alastre.

- O chá do grão de café, misturado com barro, é um santo remédio para curar o vício da bebida.

- Castanha do caju, aberta ao meio, presa na parte afetada, é usada também contra a erisipela.

- Chá da casca de coco-da-praia, cura indigestão.

- Chá de castanha queimada de caju é bom contra a enxaqueca.

- O chá da mistura de vassourinha com grão de milho faz desaparecer o sarampo.

- Quem sofre de linfatite, nas noites de lua, corta a íngua, simbolicamente, com uma faca virgem.

- Quem quiser se livrar de verruga, é só passar uma ossada branca, em forma de cruz, na parte afetada.

- Carregar castanhas de caju, duas, nos bolsos, evita sofrer de erisipela.

- Passando as mãos nas paredes de uma igreja, faz desaparecer o calor de fígado.

- Cheirar repetidas vezes, uma pena de galinha, faz recuperar do desmaio.
- Comer semente de goiaba, quiabo ou tomate, é bom para quem sofre de apendicite.
- Quem cai da rede deve tomar um copo de cerveja preta e em seguida um banho frio.
- Para se livrar de dores na cabeça, é bom lavá-la com água fria.
- O couro do sapo, tirado da parte branca da barriga, é uma receita eficaz contra a difteria. Aplica-se o couro em volta do pescoço do doente.
- Contra a "cegueira noturna", é bom comer um pedaço de fígado, conseguido de esmola, nas ruas.
- Para combater a anemia, comer farinha de pipoca.
- Para curar panarício, usa-se a água de sal com seis pingos de leite de banana num angu de farinha.
- Água de romã, em forma de bochechos, faz desaparecer as aftas.
- Usa-se contra a frieira o sarro do fumo de cachimbo.
- Se em três sexta-feiras seguidas, trouxer água do mar para dentro de casa e deixando-a sob a cama, espantará qualquer doença.
- Para se tirar manchas do rosto, é bom esfregar um osso de galinha, encontrado casualmente.
- Para se tirar manchas no rosto, é só esfregar nelas, uma pedra, osso ou uma tapioca; e jogar para trás, seguindo o caminho sem se virar.
- Tomando o chá do fígado de tetéu, três vezes ao mês, nenhum motorista dormirá na direção do carro.

– Água de sal, fervida em panela nova, ao fogo de gravetos de mameleiro, cura tudo e socorre a pessoa em qualquer aflição.

– O chá de ipecacuanha serve para facilitar a dentição.

– Aplicar três dias seguidos toucinho cru, salgado, cura a impingem.

– Contra a hemorragia nasal, lavar a cabeça com água fria.

– Contra torcicolo ou "pescoço duro", envolver a parte dolorida com a meia. Se for homem, usará as meias da mulher, e vice-versa.

– Um chá feito da comida ou fruta que provocou a indigestão, é um bom remédio para curá-la.

– O chá obtido dos grãos de milho combate o sarampo.

– O chá das cinzas do papel de embrulho cura infecções intestinais.

– Sopa de pedaços de papel branco, fervidas em leite com um pouco de açúcar branco, durante três ou quatro vezes, é uma cura eficaz contra a disenteria.

– A massa da mandioca, morna, aplicada em ferida que está demorando a sarar, é bastante favorável.

– Contra a tosse, se indica o sumo da malva-do-reino, levado ao fogo até ferver, bebido com mel de abelha.

– O gargarejo do rescaldo de cinza morna é bom para a dor de dente.

– Um dente de cutia, atado por um cordão ao pescoço da criança, é indicado para não sofrer na dentição.

– Não se deve pronunciar a palavra "macaco" perto de uma criança com menos de trinta dias de nascida, pois se o fizer, ela não terá um futuro tranqüilo.

— Quem se sentar na boca de um pilão, numa sexta-feira, fica de "corpo-aberto", isto é, sujeito aos malefícios de terceiros.

— Galinha que canta como galo, no terreiro da casa a que pertencer, deve ser morta e atirada longe, pois se continuar viva estará agourando pessoa da família.

— Acauã, quando canta perto da casa, pressagia a morte e desgraça. Para conjurar o agouro, queima-se-lhe o bico; toma-se um tição em brasa, aponta-se no rumo do canto, e reza-se um Creio-em-Deus-Pai.

— Cachorro uivando, quando há doente em casa, é mau agouro. Quando se espoja no chão, é hóspede que chega para o dono. Quando dorme de patas para cima, é sinal de chuva.

— Para ter a fidelidade do marido, espeta-se alfinete em sua roupa.

— Para abreviar um parto, o marido corre três vezes seguidas em volta da casa, segurando na mão um machado pesado.

— Um fiapo de baeta pregado na testa da criança, cura o soluço.

— Para dar sorte, colocar atrás da porta, uma ferradura de cavalo com sete buracos.

— No dia primeiro do ano não se deve pedir nada emprestado, porque dá azar o ano inteiro.

— Para curar bronquite, corta-se uma unha da mão da criança e outra do pé, encaixá-las no portal.

— Para fechar o umbigo de uma criança, desenha-se o umbigo numa folha de papel, cortar e colocar na figueira.

- Para a criança ter cabelo cacheado, deve-se tirar uma mecha de seu cabelo e enterrá-la no pé da bananeira.

- No cemitério, entrar com o pé direito, sair com o esquerdo, para não ter morte prematura.

- Para perder o medo, é bom beijar o pé de um defunto.

- Para emagrecer, passar pelo corpo maçã e leite, durante vinte e quatro horas, na lua minguante, à meia-noite ou a zero hora do dia seguinte.

- Não lavar a louça da ceia, na passagem do ano novo, para ter fartura no decorrer do ano todo.

- Coloque dentro de sua carteira de dinheiro, um dente de alho, à meia noite do último dia do ano, para ter sorte e dinheiro em todo o decorrer do ano.

- Comer e espalhar pela casa, grãos de romã, no último dia do ano, de preferência, à meia-noite, dará sorte para o restante do ano.

- Cortar a primeira unha do bebê e em seguida, colocar no local ou instrumento de trabalho, para que aquela criança se torne em adulto, o profissional desejado. Exemplo, se quiser que seu filho seja dentista, coloque a unha em um livro sobre prótese ou estudo dentário, e assim por diante.

- Queimar um pedaço da palma usada na procissão do dia de Ramos, serve para acalmar tempestade.

- Quando a criança pegar o hábito de trocar noite pelo dia, é conveniente, enrolá-la na camisola de sua mãe.

- Entrar pela porta da sala e sair pela da cozinha tira toda a sorte do dono da casa.

- Para cessar uma tempestade, deve-se jogar no telhado da casa terra de cemitério, e acender uma vela.

- Os mais velhos dizem que jogar três punhados de sal na chuva, a faz parar.

- A moça fica solteira quando abre sombrinha dentro de casa, e gosta de raspar panela.

- Quem olha para o céu e vê uma estrela mudando de lugar, faça um pedido que alcançará se guardar segredo.

- Comer frango de pescoço pelado, dá azar.

- Não se deve dormir com os pés em direção à porta. Chama a morte.

- Colocar sal grosso no fogo e correr para não ouvir o estalido, é bom para despachar uma visita desagradável. Assim como colocar uma vassoura, ao contrário, atrás da porta.

- A mulher ficará viúva, se passar a vassoura no pé, quando estiver varrendo.

- Os solteiros ou solteiras, ao serem apresentados, não devem cruzarem-se as mãos, do contrário, não casarão.

- Quando alguém sentir pedrinhas rolando em seu telhado, é sinal de morte entre parentes ou amigos.

- Não se deve varrer o lixo da casa pela porta da frente, dá azar.

- Não se deve emprestar sal ao vizinho.

- Não se deve dar ao namorado, lenço de presente, o namoro será desfeito.

- Não se deve emprestar e nem pedir emprestado, vassoura, ao vizinho, porque o azar virá na devolução.

- Quando se tem dificuldade de encontrar algo que perdeu, deve-se enfiar uma faca na terra.

— Quem empresta sapato fica sem sorte.

— Se quiser ganhar presente, vire a barra da saia ou da calça.

— Pular janela torna-se ladrão.

— Quando uma moça quer se livrar de um namorado, deixa o chinelo atrás da porta, ao contrário.

— O bebê que tiver o seu umbigo comido por um gato, terá a infelicidade, de quando crescer, virar ladrão.

— Se uma criança tiver o seu umbigo enterrado sob um pé de uma roseira, no futuro será um grande homem.

— Quando o umbigo de uma criança é enrolado em uma palha de milho e dado a uma vaca para engolir, esta criança, quando adulta, terá muita sorte.

— Quando cai uma colher, visita de mulher; garfo, visita de homem; talher pequeno, visita de criança; faca, visita de casal.

— Santo quebrado deverá ser levado à capela do cemitério. Se ficar dentro de casa atrai o azar.

— Pular criança que está deitada no chão, a mesma não crescerá.

— Cortar unha à noite e passar debaixo de uma escada, dá azar.

— Ouvir o pio da coruja e o uivo do cão, dá azar.

— Ao deparar com uma mulher grávida, deverá murmurar o seguinte: — Hei de vê-lo, batendo de leve no ombro da pessoa que estiver perto.

— Para se ter um pedido satisfeito, deve-se amarrar uma linha no dedo de sete pessoas, as quais, por sua vez, deverão fazer o mesmo.

— Se quiser achar um objeto perdido, escreva o nome do tal objeto e o ponha debaixo do pé de uma mesa. Quando encontrar, retirar o papel.

– Varrer casa à noite traz azar.

– Uma amizade termina quando damos de presente lenços, e em troca não recebemos moedas.

– Não se deve lavar pratos à noite, porque atrai as almas de indivíduos que morreram com fome ou de fome.

– Guiné plantado na frente da casa afasta feitiço.

– Quando se mata um gato, é necessário matar mais seis, do contrário tudo dará para trás.

– Na noite de São João, a moça vai a uma pimenteira, com os olhos vendados, e apanha uma pimenta. Se esta, for verde, casará com um jovem, mas se for madura, ao contrário, casará com um velho.

– Quando uma moça avista alguém carregando uma mala, deve dizer o seguinte: Mala vai, mala vem, quero ver meu bem. Se o amor estiver ausente, aparece.

– A mulher que tiver só filhos homens, num total de sete, deverá batizar o caçula tendo como padrinho, o mais velho, para que aquele não vire lobisomem.

– Quando acontece um incêndio ou qualquer outra desgraça numa cidade, acontecerá mais duas, porque sempre tem que ser três vezes.

– Se passar por um anão, dê três voltas em torno dele, isto lhe dará muita sorte.

– Plantar um pé de arruda e outro de guiné, à esquerda, na frente da casa, evita as más influências.

– Quando se vê um urubú voando, deve-se beijar a mão direita. Dá sorte.

– Não se deve acender três cigarros com o mesmo palito, atrai a morte.

– Não se deve plantar figueira no quintal ou jardim da casa, porque atrai desgraças.

– Quando se descasca uma laranja pensando em alguém que queremos e a casca não quebrar, é sinal que este alguém gosta ou retribui o nosso querer.

– Grilo quando canta na sala é visita; no quarto, é doença; na cozinha, miséria; na dispensa é fartura.

– Sonhar com cobra é traição; com ovo, feitiço.

– Quando se sonha algo mau, assim que acorda deve-se levantar e falar para a parede. Corta-se o sonho mal e evita-se contar a alguém, em primeiro lugar.

– Sonhar com rio de água suja, morre-se solteiro.

– Sonhar com rio de águas límpidas, daquelas que se vê o fundo com nitidez, é sinal de casamento.

– Numa vasilha de água, pinga-se uma vela acesa, à meia-noite do dia de São João. Os pingos serão tantos quantos os anos daquele que está fazendo a simpatia. No dia seguinte, as iniciais do ser amado estará bem nítida na água.

– Contar urubú, é sinal que vai receber carta, convite ou casamento.

– Quem vê estrela correndo, no céu, não contar a ninguém, porque está anunciando a morte de alguma bruxa.

– Quando se vai ao mato, deve-se pedir licença. Só assim, evitará algum mal quando lá estiver.

– Cachorro que uiva está agourando o seu dono.

- Pendurar um pano ou papel vermelho, dentro do quarto, evita que o sarampo atinja os olhos.

- Tomar um gole de licor serve para interromper os soluços.

- Encher a boca com água, olhar bem para cima e enguli-la devagar é um santo remédio para curar soluço.

- Para desviar a fumaça que lhe incomoda, deve-se dizer as seguintes palavras: – "Fumaça pra lá, Santo Antônio pra cá". – Vá repetindo até a fumaça mudar a direção.

- Para fazer com que as verrugas caiam, nada melhor do que esfregá-las com o suco de maçã verde.

- Para se livrar de urina solta, deve-se conseguir um tijolo de barro virgem e urinar em cima.

- Para facilitar a dentição, amarrar no pulso da criança, um patuá feito de um dente de jacaré.

- Para acabar com a insônia, nada melhor do que fazer um travesseiro com folhas de dormideira.

- Para acabar com o soluço, deve-se pingar três gotas de café na testa.

- Para a criança deixar de fazer xixi na cama, dê para ela comer crista de galo.

- Para acabar com a tosse de coqueluche, pela manhã, antes do sol nascer, fazer a criança atravessar sete riachos.

- Para diminuir a feiura, a pessoa deve comer goiaba, com casca, bicho e tudo, atrás de uma porta.

- Com a água do primeiro banho de um recém-nascido, lava-se o rosto para acabar com as rugas.

— Se você, menina-moça, deseja que seu seio cresça bem modelado, durante três sexta-feiras seguidas tome água em uma concha.

— Para acabar com a cãibra, colocar uma ferradura, velha e bastante usada, debaixo da cama.

— Para soltar os gases presos, dor de estômago e empanturração, socar arruda macho e entupir o ouvido;

— Para acabar com uma íngua, passa-se uma lâmina de aço, no lugar onde se está formada a íngua, três vezes seguidas.

— Para retirar um argueiro, esfregar a pálpebra, enquanto se vai repetindo, por três vezes: "Vai-te argueiro, pro olho do teu companheiro".

— Para acabar com unha encravada, basta que você consiga um tatuzinho de areia de praia. Em seguida, amasse-o em um pano e coloque esse pano em cima da unha encravada, encobrindo-a completamente. Evite molhar o dedo durante o tempo que a unha esteja encoberta. Dentro de três dias tudo estará normalizado.

— Para fechar um pulso aberto, basta que o amarre com um fio do rabo de um cavalo preto. Deixe o pulso amarrado até voltar ao seu normal.

— Outra simpatia para acabar com o unheiro. Consiga um ovo fresco, de galinha, quebre-o e retire aquela película que fica grudada na casca, por dentro, cobrindo com ela, o unheiro. Faça isso à noite e só retire no dia seguinte. E para que a película do ovo fique bem aderente ao unheiro, cubra-a com um pano, amarrando-o bem.

— Para curar a gagueira, vai-se a um riacho de água corrente levando uma latinha contendo areia. De costas para a água, o gago deverá jogar para trás três punhadinhos de areia, que deverão cair na água. Em seguida, sair dali sem olhar para trás.

— Para curar hepatite deve-se recolher a primeira urina do doente ainda em jejum, em uma lata, e em seguida colocar dentro dela, um ovo, levando-a a um fogo brando. Depois do ovo cozido e frio fazer um buraco pequeno e enterrá-lo num formigueiro vivo.

– Para derrubar verrugas, passe o suco de maçã verde, esfregando-a.

– Comer, diariamente, em forma de salada, agrião roxo, no almoço e na janta, acaba com o vitiligo.

– Para evitar enjôo durante a viagem, coloque um pedaço largo de esparadrapo no umbigo, cobrindo-o por completo.

– Para afastar o mau-olhado, enche-se um copo com água, depositando dentro três brasas acesas, rezando um Pai-Nosso e uma Ave-Maria. Uma das brasas afundando, está desfeito o quebranto ou mau-olhado.

– Para alguém deixar de beber, raspam-se os batentes das portas de uma casa, acrescentam-se nove piabinhas apanhadas em rio de água doce, vivas, colocando tudo em um litro de água. Em seguida deixa-se na casa do necessitado, sem que ele saiba.

– Para vencer a falta de apetite, mastigue algumas folhas de salsa meia hora antes das refeições.

– Para se curar dor nos olhos, vai-se às margens de um rio corrente, antes do sol nascer e recita-se a seguinte oração, enquanto lava os olhos: "Santa Iria, este dordóio com que se curaria? Com três Pai-Nossos e três Ave-Marias e um punhado de água fria.

– Para fazer o sangue parar de correr, pegam-se três folhas verdes, passá-las no sangue que está saindo, colocando-as em forma de cruz, na testa do indivíduo que está perdendo o sangue.

– Para se curar queimaduras, pega-se uma corda e tira a medida do doente, procura-se uma árvore frondosa, amarra-a no tronco, dizendo por três vezes, sem tomar fôlego: "– Aí te ponho e aí te deixo."

- Menino que tem dificuldade de andar, durante três sextas-feiras, coloca-se seu pé direito, dentro de um pilão.

- Para as grávidas que enjoam muito, nada melhor do que chupar gelo.

- No dia de Santa Rita de Cássia, colher rosas e pedir ao padre para benzê-las. O chá das pétalas servirá para curar qualquer mal.

- Uma colher de leite de bananeira prata, durante três luas novas, serve para abortar.

- Para abortar também servem o sumo do hortelã miúdo com vinho branco; também se usa o chá de quebra-pedra, losna e cominho, misturados com cerveja preta.

- Para curar dor de dente, o pó da pimenta-do-reino misturado com sal. Se tem cárie, põe-se um pouco que a dor passa. Se for em outro local, faz-se uma compressa ou esfrega-se no local.

- Contra dores nos rins, deixar ferver, durante dez minutos, água com alpiste. Em seguida, coar e beber.

- Para mandar alguém embora, escreve-se o nome da pessoa e coloca-se dentro de um ovo de pata, fazendo um pequeno furo, após ter tirado um pouco da clara. Enterrar por três dias, quando então despacha-se na água corrente.

- Contra a asma, consiga um peixe vivo chamado cará, em seguida, deverá o doente abrir a boca do peixe e cuspir dentro, soltando-o no mesmo rio ou lago de onde foi recolhido.

- Para curar dor de cabeça, fazer duas rodelas de papel, untando-as com azeite doce ou manteiga. Em seguida, aderindo-as às têmporas.

- Para curar dor de barriga, obtém-se o sarro que fica no cachimbo e com ele vai fazendo cruz sobre a barriga.

- Para embranquecer os dentes, pó de telhas ou pote velho, misturado com mel. Passar todos os dias nos dentes até embranquecê-los.

- Contra frieira é bom cortar um limão em cruz, assar e espremê-lo entre os dedos, três vezes.

- Para curar resfriado, derrame vinte gotas do estrato de eucaliptos na água em que vai se banhar. Após o banho, enxugue-se bem, agasalhe-se bastante e deite-se.

- Para curar hemorróidas, consiga uma pela de leão e sente-se em cima, todos os dias, uma hora. Até ficar curado.

- Contra hemorróidas, sente-se em cima de um pé de bananeira que tenha sido cortado naquele momento. Antes de sentar tire a roupa, fique pelado e se acomode.

- Para curar íngua, coloque um ferro em brasa dentro de um copo de leite e beba. Sem o ferro, só o líquido, evidente.

- Para curar a epilepsia, consiga um casco branco de um burro, e com ele, faça um anel. Em seguida, o doente deve usar o tal anel, mas não pode saber o que é.

- Para quem sofre do coração é bom conseguir, as sementes "Olho de cabra" ou "Coral do Sertão", e com elas fazer um rosário, pendurando-o, em seguida, ao pescoço.

- Contra a insônia, faça um travesseiro com folhas de laranjeiras e na hora de dormir, recoste sua cabeça nele.

- Para tirar o mau-hálito, quando for dormir, mastigar cravo-da-índia, casca de nóz-moscada ou um pedaço de fumo de rolo.

- Contra o terçol, mastigar bem, grãos de trigo, e em seguida colocar em cima do terçol.

– Para secar feridas, usa-se a casca do tronco do genipapo. Faz-se uma massa, põe-se no fogo para ferver, cozinhando bastante. Em seguida, coa-se, mistura com açúcar e volta ao fogo para fazer o melado.
Duas vezes ao dia, uma colher de sobremesa.

APÊNDICE

APÊNDICE

ORAÇÃO A SÃO JOÃO
Na noite de São João faz-se um boneco, e unindo o nome da pessoa amada ao boneco, diz: "Eu te prendo, Fulano, pelas forças do Senhor São João. Eu te prendo, Fulano, pelas cordas de meu coração". Deve-se usar um metro de fita vermelha, para prender o boneco ao nome.

PARA CONSEGUIR MARIDO
Pegar uma imagem de Santo Antônio e colocá-la de cabeça para baixo, amarrada a um esteio, no sereno. Não soltar até conseguir o desejado.

PARA AFASTAR O AZAR
Na noite de São João tomar um banho de cachoeira. Vestido. Em seguida, retirar a roupa, quando sair da água. Vestir outra. Aquela deixar lá mesmo.

O POLÍTICO QUE QUER SER ELEITO
Na noite de São João soltar sete foguetes em volta da fogueira. Fazer o pedido.

PEDINDO FARTURA
No dia de São Pedro jogam-se na fogueira muitas balas, doces, comidas e moedas, pedindo muita fartura.

PARA QUEM JÁ PASSOU DOS QUARENTA

Plantar três pés de cravo branco em três jarros iguais. Conserve-os até dar flores e quando isso acontecer retirar as flores e oferecê-las a Santo Antônio.

PARA ARRUMAR CASAMENTO

Adquira um Santo Antônio pequenino. Coloque-o na barra da saia ou dentro de um bolso durante vinte e um dias. Depois, coloque-o dentro de uma vasilha de louça branca, virgem, com água. O santo deverá ficar de cabeça para baixo até arrumar casamento. Vá trocando a água de sete em sete dias.

PARA CONQUISTAR A NAMORADA

Ponha duas imagens de Santo Antônio, de cabeça para baixo, sobre uma mesa. Após dois dias retire-as e coloque-as de cabeça para cima, dentro de um copo contendo água e acrescentando uma rosa branca.

A FACA E O NOIVO

Na véspera de São João coloque uma faca virgem, enfiada, numa bananeira. No dia seguinte, poderá saber a inicial do nome de seu noivo ou noiva. A inicial aparecerá na faca.

PARA SER SEMPRE AMADA

No dia treze de junho, dia de Santo Antônio, acenda 2 velas brancas e coloque junto duas rosas brancas num pires virgem. Meia-noite ponha o pires no sereno e, pela manhã, vá à igreja do santo, toque na sua imagem, fazendo o seu pedido.

PARA SABER O FUTURO MARIDO

À meia-noite, na véspera de São João, com os olhos fechados, vá até um pé de laranja-lima, arrancando uma folha. Em seguida, guarde-a em um lugar qualquer, sem olhar.
No dia seguinte, dia de São João, vá ver a folha. Se for uma folha nova, casará com um jovem; se a folha for velha, casará com um velho. Se tiver faltando um pedaço, casará com aleijado ou defeituoso.

Um dia antes de São João escreva o nome de três homens, de sua preferência, em papel pequeno, e separados. Embrulhe como canudinho. Em seguida, ponha em uma bacia com água, no sereno, lado de fora da casa. À meia-noite vá ver na bacia. O papel que estiver aberto, com o nome para cima, é com esse que você vai casar.

PARA ARRANJAR CASAMENTO

Na véspera de São João plantar um dente de alho, à margem de um riacho. No outro dia o dente de alho deverá brotar. Caso afirmativo, o casamento sairá no mesmo ano. Caso negativo, é sinal de que não casará naquele ano.

CONHEÇA O FUTURO MARIDO

Na noite de São João vai-se a uma pimenteira que tenha pimenta. Esteja com os olhos vendados. Apanhe uma pimenta. Se for madura, casará com um homem idoso; se for verde, casará com um jovem.

PARA SABER SE VAI MORRER

No dia de São João, se olharmos na água de uma bacia, posta no sereno, e aparecer a sombra, é sinal que não morreremos naquele ano.

PARA SABER SE É AMADA(O)

Na noite de São João descascar uma laranja, pensando em alguém que você ame. Se a casca não quebrar, este alguém lhe ama, caso contrário perca as esperanças.

AS INICIAIS DO BEM AMADO

À meia-noite, na véspera de São João, pinga-se vela numa vasilha de água. Pinga-se tanto quanto for o número da idade. A sua idade, é claro. No dia seguinte, encontrará as iniciais do bem amado.

PARA SER AMADA E DESEJADA

Recolha em jejum, na véspera de São João, antes de despontar o sol, o seu sêmen ou esperma. Em seguida, reduza a pó, juntamente com o coração de uma pomba. Este pó, posto em um saquinho, ficará durante nove dias sobre o seu coração. Após os nove dias deve dar àquele que deseja, para tomar.

CONTRA Ó MAU-OLHADO
Na noite de São João, à meia-noite, fustiga-se com um ramo verde de alecrim as crianças da casa, dormindo ou acordadas, para que não apanhem mau-olhado.

FINAL DE ANO
No último dia do ano pegar sete romãs verdes ou maduras, escrever o nome da pessoa amada, em sete pedaços de papel, branco. Através de um orifício colocar um pedaço em cada romã. À meia-noite, em ponto, jogar as romãs num jardim e dizer sete vezes: "Vá romã, vem fulano".

LACINHO COR DE ROSA
No dia trinta e um de dezembro, passagem do ano, colocar lacinho cor de rosa em tudo, para dar sorte.

* * *

Na passagem do ano, não lavar a roupa da ceia, para ter fartura o ano todo.

Colocar um dente de alho no último dia do ano, à meia-noite, dentro da carteira, para ter sorte o ano todo, e muito dinheiro.

No último dia do ano espalhar pela casa grãos de romã e comer à meia-noite, para dar sorte.

À meia-noite do último dia do ano cada pessoa da família, com um cacho de uva, chupar os bagos. Dá sorte.

No dia primeiro do ano, se o homem ver uma mulher como primeira pessoa terá sorte o ano todo. E vice-versa. Mas, se acontecer o contrário, não será um ano próspero.

Este livro foi impresso em abril de 2008,
no Armazém das Letras Gráfica e Editora, no Rio de Janeiro.
O papel do miolo é offset 75 g/m², e o da capa cartão 250 g/m².